Über dieses Buch »Die Summe eurer Geschichten ist die Summe aller Leiden Südafrikas, aber sie ist gleichzeitig auch eine mächtige Vision der großartigen Möglichkeiten dieses Landes«, rief die amerikanische Senatorin Nancy Kassebaum in Johannesburg vielen der mehr als dreißig Frauen zu, die in diesem Buch versammelt sind. Aus den Porträts von gewöhnlichen wie außergewöhnlichen, bekannten wie unbekannten und politisch engagierten wie völlig unpolitischen Südafrikanerinnen versucht die Autorin ein Mosaik zu schaffen, das dem wahren Bild des Kaplandes heute in seiner Vielschichtigkeit und Fülle näherkommt als jeder einseitige Bericht. Aktivistin, Anwältin und Ärztin, Putzfrau und Priesterin, eine oppositionelle Parlamentarierin und die Frau des Präsidenten, Gesellschaftsdame und Gesellschaftswissenschaftlerin, Schönheits- und Regenkönigin kommen hier entweder selber zu Wort oder werden in ihrer alltäglichen Umgebung beobachtet und beschrieben. Wir erleben sie mit ihren Sorgen und Freuden, mit ihren Frustrationen, aber auch Erfolgen in einer zutiefst gespaltenen Welt, die von einer kleinen Clique krafttätiger Männer mehr schlecht als recht zusammengehalten wird.

Die Autorin Dorothea Razumovsky, Jahrgang 1935, lebt seit Anfang 1981 als Korrespondentin deutscher, österreichischer und Schweizer Zeitungen in Johannesburg und berichtet von dort über die Entwicklung im südlichen Afrika. Neben Zeitschriften- und Rundfunkbeiträgen veröffentlichte sie 1978 die historisch-politische Untersuchung »Titos Erbe«.

Dorothea Razumovsky

Frauen im Männerstaat Südafrika

Fischer Taschenbuch Verlag

Lektorat: Ingeborg Mues

Originalausgabe
Veröffentlicht im Fischer Taschenbuch Verlag GmbH,
Frankfurt am Main, August 1987

Umschlaggestaltung: Susanne Berner
Foto: Interfoto Pressebild Agentur
Gesamtherstellung: Clausen & Bosse, Leck
Printed in Germany
1080-ISBN-3-596-23794-7

Inhalt

Meinen Töchtern
Kyra und Katja

Gegen den Strom

»Hat denn dein Mann dich nicht erzogen, daß du es wagst, den Mund aufzumachen, während Männer reden?« herrschte Südafrikas Regierungschef P. W. Botha die Vorsitzende der erzkonservativen Frauenorganisation »Kappiekommando« 1983 bei einer politischen Kundgebung vor versammeltem Wählervolk an. »Weißt du denn nicht, was König Salomon über zänkische Weiber sagt? Sie sind wie ein tropfender Wasserhahn!« Alle Anwesenden lachten höhnisch oder nickten zustimmend.

Wer das miterlebt hat, der wundert sich nicht allzusehr, daß in Südafrika – diesem Gelobten Land der selbstherrlichen Schriftgelehrten – noch nie eine Frau in der Regierung saß. Ja, daß es sogar im Parlament erst ab 1953 eine weibliche Abgeordnete gab und daß diese (Helen Suzman) dann dort achtundzwanzig Jahre lang völlig allein ihren Mann stehen mußte.

Als Kinder hatten wir größtes Vergnügen an einer kleinen Familienanekdote: Es war da einmal ein Onkel gewesen, der hatte eine ebenso liebe wie häßliche und entsprechend pietistisch-fromme Frau. Wann immer diese irgend etwas sagte, was ihrem Herrn und Meister mißfiel, hieb er mit seinem dikken goldenen Ehering fünfmal energisch auf den Tisch: »Was heißt das?« fragte er dann barsch. »Er soll dein Herr sein«, deklamierte sie jedesmal brav.

»Dein Wille soll deinem Manne unterworfen sein, und er soll dein Herr sein« – so steht es im ersten Buch Moses, Kapitel drei, Vers 16, geschrieben. Und tatsächlich war dieser Spruch für die meisten protestantischen Ehen auch in Europa noch vor gar nicht so langer Zeit das oberste Gebot. Es ist ja nicht etwa so, daß in Südafrika alles anders wäre als bei uns; man lebt dort lediglich in einer völlig anderen Zeit. (Mit welchen Mitteln die südafrikanische Regierung diese Rückständigkeit zu bewahren sucht, das freilich steht auf einem anderen Blatt.)

Irgendwann im 17. Jahrhundert sind die weißen Afrikaner aus dem Omnibus europäischer Geschichte ausgestiegen, und sie haben seitdem eine Reihe unserer Entwicklungen einfach nicht mehr mitgemacht. Ähnliches ließe sich vielleicht auch über andere »neue Welten« sagen. Doch jene zweiunddreißig Jahre, die zwischen der Ankunft der Mayflower in Neuengland und der Landung der drei Schiffe des Jan van Riebeeck am Kap der Stürme und der Guten Hoffnung liegen, hat Südafrika, so will uns jedenfalls scheinen, niemals wirklich aufgeholt.

Weiße Südafrikaner pflegen bei derartigen Vergleichen aufgeregt für sich geltend zu machen, zum Unterschied von ihren nordamerikanischen Brüdern hätten sie die Ureinwohner am Leben gelassen – doch wo sind denn all die kleinen gelben Khoisan, die Khoi, also Hottentotten und die Bushmen (San)? Auch hierüber hinaus gibt es so manche Ähnlichkeit: Die Staatsgründer waren puritanische Pilgerväter hier wie dort, unerbittlich sittenstreng und zäh, die sich das neue Land mit Bibel und Gewehr gefügig machten. Und ganz ähnlich war zunächst auch ihre Einstellung gegenüber jenem dienstbaren Wesen, das Gott aus der Rippe Adams geschaffen hat: der Frau.

Der weiße Mann war Gott. Und seine Frau? Solange er sie ernähren, kleiden und beschützen konnte, betete sie ihn an. Und auch heute noch sind die Ketten, die so manche Südafrikanerin zu verlieren hat, Kleinodien aus purem Gold. Immer wieder nahm die Pilgersfrau aber auch selbst das Gewehr in die Hand; nur um es freilich nach überstandener Schlacht – so zum Beispiel mehrfach in der ersten Hälfte des vorigen Jahrhunderts auf dem Großen Treck – gleich wieder in die Ecke zu stellen, die Schürze umzubinden und bescheiden zurückzukehren an den ihr von der göttlichen Heilsordnung nun einmal zugewiesenen Platz. Nicht anders übrigens als all die Partisaninnen des Zweiten Weltkriegs in Ost- und Südosteuropa: Kaum ging es nach 1945 an die Machtverteilung, nahm man sie plötzlich nicht mehr wahr.

Vor etwas über hundert Jahren schrieb die südafrikanische Erzählerin Olive Schreiner, Tochter eines deutschen Missionars und einer englischen Einwanderin, ihre »Geschichte einer afrikanischen Farm«. Damit diese Beschreibung des harten Lebens der weißen Farmer und ihrer »Kaffer« überhaupt ernstgenommen und gedruckt werden konnte (auch dazu gibt es genug europäische Pendants!), veröffentlichte sie sie zunächst unter einem männlichen Pseudonym. Die Hauptfiguren sind jedoch zwei Frauen. Zunächst einmal die wohlhabende, wollüstig wabernde Burenfrau Tant' Sannie, die das Leben so nimmt, »wie es eben ist«: »›Nichts ist so gut, wie verheiratet zu sein‹, sagte Tant' Sannie und schleppte sich schnaufend zur Tür. ›Wenn eine Frau ein Kind hat und einen Mann, dann hat sie das beste, was der Herr ihr geben kann; solange das Kind keine Krämpfe hat. Was den Mann angeht, ist es ziemlich gleichgültig, welchen man da bekommt. Manche sind fett, andere sind dünn; manche trinken Brandy, andere trinken Gin; zu guter Letzt ist das alles gleich; das ist alles eins. Ein Mann ist und bleibt ein Mann.‹«

Mit dieser Einstellung ist Tant' Sannies Überleben garantiert, während ihre Gegenspielerin, die hochmoralische und schöne junge Lyndall, ein Opfer ihrer feministischen Krämpfe werden muß und stirbt. Vage Hoffnungen der Autorin sterben mit ihr. Wenige Jahre später schrieb Olive Schreiner – nun schon unter ihrem Mädchennamen – in ihrem Prosabändchen »Träume« das kleine Traktat »Gaben des Lebens«:

»Ich sah eine schlafende Frau. In ihrem Schlaf träumte sie, das Leben stünde vor ihr und hielte in jeder Hand ein Geschenk – in der einen Liebe, in der anderen Freiheit. Und es sagte zu der Frau ›Wähle!‹

Und die Frau zauderte lange: und sie sagte ›Freiheit!‹

Und das Leben sagte ›Du hast gut gewählt. Hättest du Liebe gesagt, ich hätte deinen Wunsch erfüllt; und ich wäre fortgegangen und nie mehr zu dir zurückgekehrt. Jetzt aber wird der Tag kommen, an dem ich wiederkommen werde. An diesem Tag werde ich beide Gaben in einer Hand halten.‹

Da hörte ich die Frau lachen im Schlaf.«

(Anmerkung für Literaturwissenschaftler: Auch in Südafrika tendieren weibliche Schriftsteller zu häufigem Beginn ihrer Sätze mit »Und...«)

Und im Großen Burenkrieg, dem Befreiungskampf der alteingesessenen Buren gegen das britische Imperium um die Jahrhundertwende, drückten sich Freiheitsliebe und Gottvertrauen gerade der einfachen Bauersfrauen in ihrer unbeugsam trotzigen Haltung aus. Die Kolonialtruppen der Queen Victoria brannten zahllose Farmen nieder; das war zugleich als Kollektivstrafe und zur Demoralisierung der Buren gedacht, doch verfehlte es völlig diesen Zweck. »Seltsam waren die Vorstellungen der Frauen von diesem Krieg«, schreibt Thomas Pakenham in »The Boer War«, »denn sie glaubten, der Krieg laufe durchaus in ihrem Sinne. ›Natürlich werden wir weiterkämpfen‹, sagten sie, überrascht, daß man sie überhaupt danach fragte. ›Wie lange?‹ ›Oh, solange das nötig ist. Bis ihr endlich von hier verschwindet.‹ Es kam den Briten erstaunlich vor, daß die Frauen und Kinder in ihrer Entschlossenheit zum Kampf so völlig einer Meinung waren. Ihre Männer und Söhne kämpften in den Bergen. Die Höfe im Tal brannten lichterloh. Und diese Frauen saßen einfach da und sahen zu, mit derselben Geduld, mit demselben absoluten Vertrauen in den Sieg wie die Guerillas auch. Einige der intelligenteren britischen Offiziere waren beeindruckt und verunsichert. Nie zuvor hatten sie etwas Ähnliches gesehen, wie diese ›große, primitive‹ Vaterlandsliebe.«

»Ich denke, ich hasse dieses Land, dieses Volk und die ganze Angelegenheit von Tag zu Tag mehr«, schrieb der Oberbefehlshaber der britischen Truppen, Lord Kitchener, 1901 an seinen neuen Kriegsminister. Schließlich richtete er Konzentrationslager für die störrischen Burenfrauen ein. »Unsere Männer, Kinder, Väter, Brüder, Schwestern, Häuser, alles, ja alles müssen wir zurücklassen und wir – was wird aus uns?« notierte die deutschstämmige Maria Fischer damals in ihrem Tagebuch, wenige Stunden, bevor sie in ein britisches KZ verschleppt wurde. Über 60000 Zivilisten landeten in diesen sogenannten Flüchtlingslagern, in denen die meisten von ihnen an Epidemien starben oder verhungerten.

Doch es gab damals auch auf seiten der Engländer einen Menschen, der es wagte, gegen den üblichen Strom allgemeiner Gleichgültigkeit zu schwimmen: eine alleinstehende, etwas schrullige 41jährige Frau aus Cornwall namens Emily Hobhouse. Sie hatte diese Konzentrationslager mit eigenen Augen gesehen, vor allem das schlimmste und größte unter ihnen in der Nähe von Bloemfontein, und nun führte sie in ihrer Heimat einen moralischen Kreuzzug gegen diese unwürdigen »Methoden der Barbarei«. Sie warnte die Politiker vor den Folgen, sie organisierte, ohne allzugroßes Organisationstalent, Nahrungshilfe und schuf einen Katastrophenfonds. Doch selbst der Oberkommissar für Südafrika und Gouverneur der Kapkolonie, Alfred Milner, der politisch erheblich flexibler als Kitchener war, schob alle Aufforderungen zur Mäßigung beiseite: »Wenn wir in Südafrika irgend etwas erreichen wollen, dann müssen wir diese Screamer (diese Entrüstungs-Schreier) vollkommen mißachten«, schrieb er am 7. Juni 1901 in einem Brief.

Das eigentlich Erschreckende an den Greueln dieser Kriegsführung in den Augen liberaler Engländer war indes gar nicht, was da geschah, sondern daß man es Weißen antat; daß man Europäer wie Eingeborene behandelte. Der wahre Sieg der Buren, die diesen Krieg militärisch natürlich verloren, war denn auch, daß sie in der künftigen südafrikanischen Union als gleichberechtigte Partner akzeptiert werden sollten – als Partner, mit denen man im eigentlichen Sinne »Staat machen« konnte. Der aus der alten Transvaaler Verfassung übernommene Kernsatz der neuen Konstitution von 1910, »Keine Gleichheit in Kirche oder Staat«, war des damaligen Botha Triumph. Er bedeutete politische Gleichheit aller Europäer, Ungleichheit aller Farbigen.

Über die Gleichberechtigung von Frauen dachte damals niemand nach. Dennoch erhielten diese schon 1930, also erstaunlich früh, das Recht zu wählen. Nur die weißen Frauen, wohlgemerkt. Denn dadurch verdoppelte sich die Zahl der »weißen« Stimmen gegenüber denen aller stärker pigmentierten Untertanen, die damals in den ehemals britischen Gebieten noch ein indirektes Wahlrecht besaßen.

Bis hin zum Jahr 1948 wurde die politische Szene in Südafrika fast ausschließlich vom weiß-weißen Konflikt beherrscht. Erst als die Nationale Partei der Buren, die sich inzwischen nach der sie von den Engländern unterscheidenden Sprache Afrikaans »Afrikaaner« nannten, die staatliche Macht in ihre Hände nahm, indem sie strikte Rassentrennung auf ihre Fahnen schrieb, rückte das Problem der schwarzen Bevölkerungsmehrheit zunehmend ins Zentrum der Debatte und damit des Bewußtseins der weißen Bevölkerung, das sie heute vollkommen beherrscht.

1955 machte sich die nationalistische Regierung daran,

auch noch den Mischlingen in der Kapprovinz das indirekte Wahlrecht zu nehmen, nachdem die Schwarzen dort das ihre längst verloren hatten. So lange änderten sie die Gesetze, bis die erforderliche Zweidrittelmehrheit für diese »Reform« in beiden Parlamentshäusern zustande kam. Eine Abordnung weißer Frauen, die versuchte, der Regierung ein Protestschreiben gegen diesen Willkürakt zu überreichen, wurde nicht einmal empfangen. Daraufhin legten die empörten Frauen zum Zeichen ihrer Trauer über die Borniertheit ihrer Männer breite schwarze Schärpen an und stellten sich überall im Lande dort stumm protestierend auf, wo jeweils ein Kabinettsmitglied zu erwarten war. So hielten sie fortan Totenwache für Anstand und Gerechtigkeit.

Aus dieser zunächst spontanen Protestreaktion entstand die Frauenorganisation »Black Sash«, Schwarze Schärpe, die heute über tausend aktive Mitglieder hat – einige schon in der zweiten oder gar dritten Generation. Black Sash hat es sich zum Ziel gesetzt, ihren rechtlosen schwarzen Mitbürgern zu helfen, sich in dem Gestrüpp sie reglementierender Gesetze zurechtzufinden, ohne ihnen das Handeln abzunehmen und sie dadurch vollends zu entmündigen. Zweitens bemüht sich Black Sash um Information. Daten werden gesammelt über alle nur denkbaren Folgen der geltenden Gesetze, über Zwangsumsiedlungen, Landenteignungen, über Arbeitsrecht, Niederlassungsbedingungen für sogenannte Homeland-Bürger, Gesundheitswesen und so fort. Auch über die Aktionen der Polizei. Dank all diesen Erfahrungen und genauen Kenntnissen versucht Black Sash auch die Weißen zu informieren und natürlich – zumeist jedoch vergeblich – auch auf die Regierung Druck auszuüben.

Black Sash ist mit einem Wort das Gewissen der Nation. »Niemand soll eines Tages sagen können, er habe nichts gewußt«, erklärte einmal Sheena Duncan, die unerschrockene Leiterin des Beratungsbüros in Johannesburg, Tochter einer Mitbegründerin und langjährige Präsidentin von Black Sash.

Das Jahr 1956 sah eine weitere rein weibliche Protestaktion. Diesmal ging es um die Paßgesetze, die schon seit Jahren für alle schwarzen Männer gegolten hatten und nun auch noch die Bewegungsfreiheit schwarzer Frauen erheblich beschränken sollten. Diesmal zogen nicht zwanzig, sondern

20000 Frauen aller Rassen geschlossen nach Pretoria. Eine der acht, die den Protestmarsch zu den Regierungsgebäuden anführten, die greise Frances Baard, erinnert sich: »Tausende, Abertausende von Frauen versammelten sich. Sie kamen von überall her – mit Babies auf ihren Rücken und Körben voller Nahrung auf den Köpfen. Sie kamen in Zügen und nicht in Bussen, damit die Polizei sie nicht durch Konfiszierung der Busse wie im Oktober des Vorjahrs aufhalten konnte...«

Als Lilian Ngoyi, die damalige Präsidentin der Föderation südafrikanischer Frauen und damit Hauptorganisatorin der Demonstration, gefragt wurde, wie sie so viele Frauen zu kontrollieren gedenke, antwortete sie schlicht: »Die Frauen kontrollieren sich selbst«, und damit behielt sie recht. Sie selbst trug 1000 Briefe in ihren Armen, die an den Premierminister Strijdom gerichtet waren, auf denen stand: »Wir wollen Ihnen sagen, was diese Paßgesetze für afrikanische Frauen bedeuten – Familien werden zerbrechen... Kinder werden unversorgt sein... Frauen werden das Recht verlieren, sich frei im Lande zu bewegen. Wir sind hier, um gegen diese Beleidigung aller Frauen zu protestieren. Denn eine Beleidigung afrikanischer Frauen ist in unseren Augen eine Beleidigung aller Frauen schlechthin.« Es ist wohl kaum nötig, hinzuzufügen, daß all diese Briefe ungelesen in den Papierkorb gewandert sind.

Auch in den folgenden Jahren haben all diese tapferen Frauen mit ihren Aktionen herzlich wenig bewirkt. Und doch: Als er unlängst in London gewesen sei, mit seiner regimekritischen Ein-Mann-Show, da habe er einige seiner Landsleute im Fernsehen gesehen, erzählt der mutige südafrikanische Satiriker Pieter Dirk Uys. Zunächst habe er natürlich sich selbst bewundert, sodann Bischof Tutu, auch P. W. Botha und eine ganze Reihe anderer Helden. »Im Grunde wirkten wir alle wie hoffnungslose Verlierer; alle jaulten und jammerten wir. Da dachte ich: was ist eigentlich mit Gewinnen los? Gibt es denn bei uns niemanden mehr, der gewinnt? Der Unterschied zwischen Gewinnen und Verlieren ist ja im Grunde winzig klein. Doch dann sieht man plötzlich Sieger. Marion Crawford aus Orchards (Johannesburg) zum Beispiel, die für ihre Hausangestellte ins Gefängnis ging, weil sie sich weigerte, die Strafe für ein Paßvergehen zu bezahlen. (Die junge Ärztin) Wendy Orr, die wie eine Ausgestoßene behandelt wurde, weil sie sich für menschenwürdige Behandlung eingesetzt hat... Winnie Mandela als Jungfrau von Orleans! Diese Menschen werden auf die Dauer unsere Sieger sein. Auf in den Kampf! sage ich da. Auch ich will ein Sieger sein.«

Es war in der Tat nicht leicht, für dieses Buch eine Auswahl aus all den Frauen zu treffen, die in den letzten Jahren wesentlich dazu beigetragen haben, daß in Südafrika noch nicht jedes Gefühl für Menschlichkeit und Anstand in den Boden getreten worden ist. Um ihre Leistung ins rechte Licht zu rücken, um auch die Vorurteile zu zeigen, gegen die sie anzukämpfen haben, schien es darüber hinaus geboten, auch anders, nämlich regierungskonform oder vollends retrograd oder auch gar nicht Denkende zu Wort kommen zu lassen. Mit Fug und Recht kann der Leser dennoch monieren, daß diese Auswahl willkürlich sei.

Wo sind die Gewerkschafterinnen Emma Mashinini, Zora Mehlomakulu oder Lucy Mvubelo, kann man fragen, wo die resoluten »Zamani Soweto Sisters« Liliane Nchang und Elizabeth Mpenyana mit ihren Selbsthilfe-Werkstätten? Wo ist die Kammersängerin Mimi Coertse, die bei der 30-Jahr-Feier ihres Wiener Debuts im Staatstheater von Pretoria vor Rührung plötzlich kein Wort herausbringt und statt dessen aus voller Seele »O Boereplaas!« (O Bauernhof, zur Melodie von O Tannenbaum) singt? Wo bleibt Hildegard van Zyl, die Frau des Präsidenten der »Federated Chamber of Industries«, die mit ihrer »Kontak«-Gruppe Brücken über die Kluft zwischen den verschiedenen, gar so getrennten Bevölkerungsgruppen zu spannen versucht? Wo sind die Professorinnen für Paläontologie, Elizabeth Vrba, für Recht, Carmen Nathan, für Soziologie, Fatima Meer oder Erika Theron, für Neurologie, Frances Ames, für Kinderheilkunde, Lucy Wagstaff, für Tropenmedizin, Margareta Isaäcson, für Erziehung, Irene Jackson, für Entwicklungspolitik, Jill Nattras – alles Frauen, die auf ihrem Gebiet ganz Außerordentliches geleistet haben?

Oder die beiden Vorsitzenden von »Women for Peace« (Frauen für den Frieden), Alina Serote aus der trostlosen

Township Alexandra bei Johannesburg und Liz Mundell aus dem Nobelvorort für Weiße unmittelbar nebenan? »In der gegenwärtigen Krise haben sich unsere schwarzen Mitglieder ein wenig von unseren Aktivitäten zurückgezogen, weil sie Einschüchterungsversuche befürchten, wenn sie mit Weißen zusammenarbeiten«, sagte die afrikaans sprechende Friedensförderin Irma Xenopoulos, geistesabwesend ihr zierliches Schoßhündchen streichelnd. »Wir hatten den Kontakt mit den wahren Gefühlen und Ansichten in den anderen Bevölkerungsgruppen vielleicht auch schon etwas verloren...«, meint sie wohl zu Recht. Jedenfalls gelten diese gütigen Damen, hinter denen Bridget Oppenheimer, die Frau des Bergbaumagnaten, der 54,63 % aller an der Johannesburger Börse gehandelten Werte kontrolliert, nicht nur mit pekuniärem Einsatz steht – ob es einem paßt oder nicht, ja, ob es überhaupt gerechtfertigt ist oder nicht –, in den townships als verwöhnte Luxusweibchen, die sich zusätzlich zu ihrem Wohlstand nun auch noch den Luxus eines guten Gewissens leisten

Geballte Energie: zwei der »Zamani Soweto Sisters«, das bedeutet: »Strengt euch an, Schwestern von Soweto!« – links die derzeitige Präsidentin dieser Selbsthilfegruppe, Leah Tobacco, rechts deren rechte Hand, Liliane Nchang (Foto: Dorothea Razumovsky)

wollen, indem sie, irgendwann zwischen Coiffeur und Dîner, also wohl zur Teestunde, ein kleines bißchen wohltätig sind.

Aber wo sind denn die vielen selbstlosen Nonnen, Schwester Alphonsa, die sich der Leprösen annimmt, Bernard Ncube, die für die Entrechteten kämpft (nun, Sister Bernard – das ist bekannt – ist seit Monaten »inside«, das heißt wieder einmal eingesperrt!), und all die anderen, deren Namen niemand kennt?

Hätte sich ein Interview mit Leonora van den Heever, einer afrikaans sprechenden Richterin am Obersten Gerichtshof in Bloemfontein, denn nicht gelohnt, oder mit Nilo Warffemius, der ersten afrikaans sprechenden Frau im Präsidentenrat? Ein Bericht über die Arbeit Dorothy Nyembes, der Präsidentin des Komitees für ländliche Entwicklung in Natal? Ein Besuch bei Frances Baard, von der schon die Rede war, in ihrem Kindergarten in jenem menschenunwürdigen Abladeplatz für »Überflüssige« (surplus people), der sogenannten »Resettlement-Siedlung« Winterveld im »unabhängigen« Homeland Bophuthatswana?

Wie ähnlich diese »dumping places« doch den Konzentrationslagern aus dem Großen Burenkrieg sind: Was die Briten damals ihnen angetan, das haben die neuen Machthaber nach 1948 ihren schwarzen Untertanen heimgezahlt. Das Umsiedlungslager Onverwacht bei Bloemfontein im Oranje Freistaat beispielsweise, liegt genau dort, wo Emily Hobhouse 1901 gewesen war. Und wieder empören sich die Machthaber und ihre zynischen Gehilfen über die »Screamer«, die Kritiker aus aller Welt mit ihrem Entrüstungsgeschrei.

Warum ist da kein Porträt der Rechtsanwältin Priscilla Jana, die auch noch den verfahrensten politischen Fall nicht scheut, kann man fragen, oder jener Strafverteidigerin der UDF, Victoria Mxenge, die im August 1985 eines Abends vor ihrem Haus von vier Männern niedergeschossen worden ist, welche – wie auch schon die Mörder ihres Mannes vier Jahre zuvor – unerkannt entkommen konnten und bis heute nicht gefunden worden sind?

Diese Liste ließe sich noch endlos fortsetzen, wollte man im Ernst daran gehen, alle Frauen aufzuzählen, die in jüngster Zeit dadurch aufgefallen sind, daß sie aus dem Rahmen fielen oder daß sie den Mut hatten, gegen jenen gewaltigen Strom allgemeiner Gleichgültigkeit zu schwimmen und für ihre Überzeugung einzustehen.

Dieses Buch erhebt jedoch keinerlei Anspruch auf Vollständigkeit. Was hier versucht wird, ist vielmehr ein abgerundetes Bild, auf dem sich auch Details und Nuancen abzeichnen, die nicht unbedingt gewinnend sind. Die Gefahr der Verherrlichung einiger Frauen ist dennoch gegeben, vielleicht auch ein Anschein von »Women's Lib«. Kein Erbarmen mit den Männern? Aber ja doch, gewiß. Sie werden viel mehr noch als das schwächere Geschlecht in das System hineingeboren und -erzogen. Sie werden dazu gezwungen, es mit ihrem Leben zu verteidigen, jedenfalls als »Weiße« (wer aus religiösen Gründen vom Wehrdienst, den es nur für »Weiße« gibt, befreit wird, muß sechs Jahre Ersatzdienst ableisten), sie stehen viel unmittelbarer im Zwang des täglichen Brotverdienens, der auch zu Kompromissen zwingt. Und schließlich haben auch die kämpferischen Frauen es bisher nicht geschafft, Grundsätzliches zu ändern in Südafrika.

»Wahrscheinlich könnten wir dem politischen Prozeß wirklich eine andere Richtung geben, wenn wir imstande wären, endlich unsere Passivität zu überwinden, die in unserem tiefsitzenden Gefühl wurzelt, im Grunde machtlose Opfer dieser Männerwelt zu sein«, erklärte die Soziologin Jacklyn Cock anläßlich des Jahreskongresses des südafrikanischen Verbandes berufstätiger Frauen 1986. Um Erfolg zu haben, machten sie jedoch alle genau den gleichen Fehler, daß sie kritiklos männliche Modelle kopierten. Damit verfestigen sie nur noch die herrschende Herrenmenschen-Ideologie, statt sie zu entlarven als den zur Machterhaltung einer von einem winzigen Teil der Bevölkerung gewählten Clique notwendigen Schein.

60 Prozent aller südafrikanischen Männer schlagen ihre Frauen. Weitgehend ist dies eine, vor allem von Afrikaans sprechenden Menschen, als selbstverständlich akzeptierte »kulturelle Norm«, wie eine andere Konferenz an der »University of South Africa« (UNISA) unlängst festgestellt hat. Ein Psychiater, der anonym bleiben wollte, erklärte dort, ein gewisses Maß an ehelicher Gewalt gelte in diesem Land als völlig normal. Gewöhnlich genügten ja auch zwei, drei kräftige Schläge, um das Machtgefüge in einer Familie für meh-

rere Jahre ins Lot zu bringen. Solange Frauen als minderwertig angesehen würden, werde natürlich auch Gewalt zu ihrer Kontrolle benützt.

Grundsätzlich sei der Mann das Oberhaupt der Familie, der Beschützer, der Ernährer, der Vermögensverwalter, so lehren es Kindergärten, Schulen, Elternhaus und Kirche. Schon kleine Buben hören das mit Wohlbehagen. Einige wenige Gesetzesänderungen haben in jüngerer Zeit Scheidungen auch für Frauen leichter gemacht – Schuld muß nicht mehr unbedingt nachgewiesen werden –, und sie haben die totale Allmacht des Mannes eingeschränkt. Auch ist es seit einem neuen Ehegesetz aus dem Jahre 1984 nicht mehr ganz so leicht für einen Mann wie zuvor, das Vermögen seiner Frau leichtfertig durchzubringen, um sich dann mit dem nächsten blondgelockten Goldkind ohne jede finanzielle Verpflichtung dem Ex-Weib gegenüber aus dem Staube zu machen. Diese Regelung gilt freilich nicht für alle jene vor diesem Zeitpunkt geschlossenen Ehen: für sie besteht weiterhin das Prinzip der Allmacht des Mannes in allen Dingen. »Es wäre falsch, sich in diese Ehen einzumischen«, erklärte während der Diskussion der Gesetzesvorlage Justizminister Kobie Coetsee vor dem Parlament. Die allgemein verbindliche Aufhebung der ehelichen Macht des Mannes würde nur unnötig Konfliktstoff in all die vielen Partnerschaften tragen, meinte er, die bis jetzt in Ordnung waren, »glücklich und normal«.

Auch hat die Regierung noch immer weder den Grundsatz gleicher Rechte für beide Geschlechter anerkannt noch Diskriminierung auf sexueller Basis verboten. »Das generelle Abtreibungsverbot, die Vergewaltigungsgesetze, das Steuergesetz (das getrennte Besteuerung von Ehepartnern nicht kennt), der Mangel an Mutterschutz und Kindertagesstätten, Sexismus in Reklame- und Schulbuchtexten – all das behindert die Entfaltungsfreiheit südafrikanischer Frauen noch immer erheblich«, stellt in einer Studie die Journalistin Libby Lloyd fest.

Und doch gibt es in Südafrika so gut wie keine Feministinnen. »Wir wollen nicht, daß ein Teil unserer Ketten komfortabler wird, wir wollen sie alle ganz und gar loswerden«, sagt Sally Motlana, eine entschlossene Bürgerrechtskämpferin in

Soweto, die geschieden ist. »Nicht als Frauen, sondern als Menschen, allesamt.« Da gab es großes Staunen bei der »Weltkonferenz der Frauen« in Nairobi, Kenia, als die Vertreterinnen der Industriestaaten plötzlich hörten, daß ihre »Schwestern« aus der Dritten Welt ganz etwas anderes unter Befreiung verstanden als sie. Diese fordern nämlich Freiheit von jeglicher Diskriminierung, ganz gleich ob auf Grund der Rasse, des Glaubens oder des Geschlechts. Es geht ihnen vorrangig um die fundamentalsten Menschenrechte. Man ist also auch in diesem Sinne noch in einem Entwicklungsstadium; weit vor dem Luxus weiblicher Emanzipation.

Als auf dem letzten Parteitag der relativ liberalen »Progressiv Föderalen Partei« im November der Antrag eingebracht wurde, eine Frauenorganisation zu gründen, kämpfte ausgerechnet die einzige weibliche Abgeordnete, die diese Partei je hatte und noch immer hat, besonders leidenschaftlich dagegen an. Es sei unmöglich, in diesem Land, in dem grundsätzlich alles durch Teilung in verschiedene Gruppen kontrollierbar gemacht werde, nun auch noch eine Unterteilung in Männer und Frauen zu akzeptieren, sagte sie. »Wir sollten alle an allen Fragen Interesse zeigen.«

Tatsächlich teilt die Regierung ganz bewußt alles in »eigene« Angelegenheiten der jeweiligen Bevölkerungsgruppen und in Fragen »allgemeiner« Natur auf. Dadurch wird die Majorität der Rechtlosen in eine Vielzahl von Minoritäten zerstückelt, so daß das Machtmonopol der regierenden Minderheit unangetastet bleibt.

Frauen, die in Südafrika Karriere machen, müssen Außergewöhnliches leisten auf ihrem Gebiet. Noch immer sind sie deshalb Ausnahmen. Wer in ein Chefbüro tritt, erwartet ganz automatisch, dort hinter dem Schreibtisch einen Mann vorzufinden. So begrüßte beispielsweise der stellvertretende Bürgermeister von Johannesburg in einer kleinen Rede beim Jahresbankett der deutsch-südafrikanischen Handelskammer den neuen Geschäftsführer völlig selbstverständlich mit »Herr Doktor Quambusch«, obwohl er der Dame wenige Minuten zuvor vorgestellt worden war.

Daß der Apostel Paulus den Mann »das Haupt« der Frau genannt habe, bedeute nicht unbedingt und zwangsläufig, daß das Weib minderwertig sei – mit dieser revolutionären Äußerung schreckte freilich der reformierte Theologe Professor Johan Heyns an der Universität von Pretoria schon 1984 seine Schäflein auf. 1986 wurde er dennoch zum obersten Moderator (einer Art Bischof) seiner staatstragenden Niederdeutsch Reformierten Kirche gewählt. Paulus habe noch eine alttestamentarische Formulierung gebraucht, meinte Heyns, der ein theologischer Wegbereiter P. W. Bothas ist. Doch der Mann gehe natürlich auch weiterhin vor: »Er legt die Qualität fest, an die sich sein (weibliches) Gefolge zu halten hat.«

Mehr und mehr weiße Frauen »bringen« diese Qualität. Immerhin ist die Anzahl der Frauen im mittleren und höheren Management von 5376 im Jahre 1969 auf 24705 im Jahre 1983 angestiegen, gab Truida Prekel, Dozentin an der »School of Business Leadership« in Pretoria, im November 1986 bekannt. In bezug auf die männliche »Elite« sind das freilich immer noch weniger als 2,5 Prozent. Denn noch immer setzen Arbeitgeber weibliche Bewerber weit unter ihren Qualifikationen ein. Diese gelten unbesehen als »impulsiv, emotional, leichter erregt und ermüdet als Männer, öfter abwesend und auch sonst weniger zuverlässig«, nicht zuletzt, weil das so in den offiziellen Lehrbüchern steht. Noch immer fehlt es auch an Ausbildungsmöglichkeiten, an Ermutigung und Anleitung für begabte Mädchen. Gleiche Bezahlung und Beförderung bei gleicher Leistung bleibe noch lange ein Wunschtraum, sagt Frau Prekel.

Schwarze Frauen haben es jedoch noch sehr viel schwerer. In einem Land, in dem unverhüllte Diskriminierung legal ist, in dem es offiziell in Ordnung ist, einen anderen herabzusetzen, nur weil er anders ist, sind schwarze Frauen doppelt benachteiligt, erstens weil sie schwarz sind und zweitens weil sie weiblich sind. Denn schwarze Frauen bleiben rechtlich unmündig ihr Leben lang. Sie »gehören« ihrem Vater und gehen durch Eheschließung in den Besitz des Mannes über. Sollte dieser ausfallen, übernimmt der älteste Sohn die Vormundschaft. Nur in Ausnahmefällen können sie als geschäftsfähig anerkannt werden, so daß sie etwa ein eigenes Bankkonto führen, ein eigenes Haus erwerben oder selber einen Reisepaß beantragen dürfen.

Dennoch rücken auf dem Arbeitsmarkt auch schwarze

Frauen auf. Zwischen 1969 und 1985 nahm ihr Anteil an den Beschäftigten um 212% zu, um damit freilich immer noch nicht mehr als 9,3% aller registrierten Arbeitnehmer zu erreichen. Die günstigsten Voraussetzungen für einen gewissen Aufstieg finden sie in den Bereichen des Gesundheits- und Sozialwesens, der Buchführung und der Werbung vor.

Was schwarzen Frauen an Lasten aufgebürdet werden kann, ohne daß sie zusammenbrechen, grenzt an Wunder. Von klein an werden sie dazu abgerichtet, ihre kleinen Geschwister auf dem Rücken und alles andere – Wasser, Brennholz, Nahrungsmittel – auf dem Kopf zu tragen. So kommt es, daß – wie eine Untersuchung der Universität von Nairobi festgestellt hat – eine 59 Kilogramm schwere Afrikanerin ohne die geringste Anstrengung eine Last von 13 Kilogramm auf dem Kopfe zu tragen imstande ist, ja ohne auch nur einen Deut mehr Energie zu verbrennen, als wenn sie nichts trüge.

»Es könnte sein, daß diese Frauen ihr Rückgrat dazu adaptiert haben, Lasten mit den Knochen statt mit den Muskeln zu tragen«, versuchte der Physiologe Norman C. Heglund von der Harward-Universität das erstaunliche Phänomen zu erklären, daß schwarze Frauen, solange sie stillstehen, sogar bis zu 70% ihres Körpergewichtes ohne feststellbaren Energieverlust aufgepackt bekommen können.

In Südafrika scheint man es geradezu zum Volkssport entwickelt zu haben, die absolute Grenze weiblicher Belastbarkeit herauszufinden. Man sollte sich nicht wundern, wenn die Kräfte vieler Frauen dadurch noch gewachsen sind. Sie sind unduldsamer geworden, schwerer zu gängeln, entschlossener zum Widerstand. »Mütter, wenn ihr jetzt nach Hause geht, denkt über eure Verantwortung nach«, rief Leah Tutu, die äußerst aktive Ehefrau des mit dem Friedensnobelpreis ausgezeichneten Erzbischofs, bei einer Friedensdemonstration mitten in Johannesburg ihren überwiegend weißen Zuhörern zu. »Ihr weißen Mütter, denkt daran, wenn eure Söhne sich militärisch ausbilden lassen, an die Grenze gehen und für ihre Sache kämpfen, für ihr Volk und Vaterland, dann sind sie ›unsere tapferen Jungs an der Grenze‹, und wenn sie dabei umkommen, werden sie als Helden geehrt. Wir schwarzen Mütter aber – wenn unsere Söhne über die Grenze gehen, sich militärisch ausbilden lassen, um für unsere Sache zu kämpfen, für unser Volk und dasselbe Vaterland, dann sind sie ›Terroristen‹, und wenn sie dabei umkommen, werden sie als Verbrecher verscharrt. Da muß doch etwas grundverkehrt sein in diesem schönen Vaterland.«

Lady Di

Barfuß, schwanger in der Küche, das ist noch immer der angestammte Platz einer südafrikanischen Frau. »Gerade weil unsere Gesellschaft so chauvinistisch ist, fällt jeder, der nicht in diesen Rahmen paßt, ja jeder, der sich nicht in diesen Rahmen fügen will, besonders auf.« Das sei sicher einer der Gründe dafür, daß es so auffallend viele liberale weiße Frauen im aktiven Widerstand zum Apartheidsystem gibt, sagt eine von ihnen, Diana June Bishop, in ihrem gemütlichen kleinen Kapstädter Haus, zu Füßen des Tafelberges, als das Gespräch auf diese Frage kommt. In ihrem persönlichen Fall sei da wohl einiges recht zufällig zusammengekommen, meint sie nachdenklich: ihre Erziehung, ihre Ausbildung, einige konkrete Erlebnisse und – keineswegs an letzter Stelle – ein politisch involvierter, außerordentlich toleranter Ehemann.

Von klein an sei sie beispielsweise von ihrer Mutter dazu angehalten worden, mit den Hausangestellten höflich umzugehen, die Mägde nicht als Sklaven, sondern als Freunde zu betrachten, was oft zu Streitigkeiten mit ihren Schulkameraden geführt habe, die es einfach lächerlich fanden, wenn sie ihr Bett selber machte, während das Personal in der Küche Tee trank. Schon als Kind auch hat Di den Wunsch verspürt, eines Tages etwas für Afrika zu tun – für den hungernden, dunklen Kontinent und nicht für sich und ihresgleichen. Als im Mai 1961 Südafrika zur Republik ausgerufen wurde, weigerte sie sich, mit ihrer Schulklasse an den öffentlichen Feiern teilzunehmen. Sie fürchtete sich vor dem säbelrasselnden Schaugepränge des Militärs und fand auch die politischen Reden am Radio beängstigend. Noch konnte sie nicht sagen, warum.

Damals war sie gerade elf. »Das war einfach das Land nicht, in dem ich eines Tages leben wollte«, urteilt sie heute. Als Berufsziel wählte sie, weniger aus eigenem Antrieb heraus denn aus dem der Mutter, die sich selbst diesen Wunsch hatte versagen müssen, Sozialarbeit. Der Vater, ein Industrieller, war strikt gegen jede politische Aktivität. Er fand, daß man sich auch als englisch sprechender Staatsbürger in das neue System einzupassen hätte – Südafrika sei jetzt nun einmal eine Burenrepublik. Die Engländer sollten endlich aufhören, diese Buren zu verachten und sich über deren Sprache lustig zu machen; dann werde auch das Zusammenleben leichter sein. Seine Kinder sollten zweisprachige, loyale Staatsbürger werden. Deshalb ließ er Di auch nicht die liberale englische Universität von Kapstadt besuchen, sondern schickte sie, gegen ihren Willen, auf die geistige Hochburg des Afrikaanertums, nach Stellenbosch.

Er konnte ja nicht ahnen, daß auch dort schon der Freigeist sich einzunisten begann. Die wichtigste Professorin war Erika Theron, die gerade mit einer Untersuchung der Lebensbedingungen von Mischlingen beschäftigt war und ihre Schüler schon früh vor der Wirkungslosigkeit staatlicher Wohltätigkeit warnte. Dis Lehrer in Soziologie war Frederik van Zyl Slabbert, der spätere Führer der Progressiv Föderalen Partei und somit der Opposition (1974–1986) im weißen Parlament.

Zehn Jahre lang diente Di in allen möglichen Institutionen der Sozialarbeit: sie kümmerte sich um Alte und Arme unter Weißen und Mischlingen, und ihre nur widerwillig erworbenen Afrikaanskenntnisse kamen ihr dabei durchaus zupaß. Schließlich war sie für die Rehabilitierung von Strafgefangenen zuständig. In dieser Zeit sei ihre Abneigung gegen das Apartheidsystem geradezu ins Unermeßliche gewachsen, sagt sie heute, weil sie täglich mit eigenen Augen sah, was es den betroffenen Menschen an Leib und Seele antat. Mit Freundinnen bildete sie einen Kreis junger Idealisten, die abends streunende Kinder von der Straße auflasen, ihnen zu essen gaben und Unterschlupf boten. »Das war doch wohl besser, als sie in der Obhut der Polizei zu lassen?« fragt sie, traurig lächelnd und ohne eine Antwort zu erwarten.

Zufällig traf sie damals einen Mann, der gerade ein Computerbüro aufmachte und ihr spontan seine Hilfe bei der Erfassung der kleinen Pfleglinge anbot. 1975 heiratete Di diesen hilfsbereiten Mann, Brian Bishop. Brian war früher Mitglied der für alle Rassen offenen Liberalen Partei Alan Patons gewesen, die 1968 aufgelöst worden war, als die Regierung ein

Gesetz durchsetzte, das der Bevölkerung die Mitgliedschaft in einer Partei irgendeiner anderen Rassengruppe verbot. Nie wieder schloß er sich, nach dieser Erfahrung, einer politischen Partei an, aber um so aktiver setzte er sich fortan für Menschenrechte und für die Arbeit des südafrikanischen Institutes für Rassenbeziehungen ein.

Seiner jungen Frau riet er, ihre Erfahrungen der Hilfsorganisation Black Sash zur Verfügung zu stellen, die alle der Willkür der Behörden oft völlig ahnungslos ausgelieferten, bisweilen nicht einmal des Lesens und Schreibens kundigen Schwarzen und Mischlinge bei ihren täglichen Problemen, aber auch in komplizierten Rechtsfragen kostenlos berät. Im Kapstädter Beratungsbüro der Black Sash kam Di nun zum ersten Mal auch in Kontakt mit den Ärmsten der alleruntersten sozialen Schicht, den schwarzen Wanderarbeitern.

Im April 1981, bei den jetzt vorletzten Parlamentswahlen für Weiße in Südafrika (durch einen Verfassungstrick wurde 1984 die Legislaturperiode von fünf auf zunächst sechs Jahre ausgedehnt), wurde Di Bishop als Abgeordnete der PFP ihres Lehrers Slabbert in das Provinzparlament der Kap-Region gewählt. Und bis zur Auflösung dieser Provinzstrukturen im Juni 1986 nutzte sie alle ihre Erfahrungen in der Regionalpolitik systematisch auch für ihre Arbeit bei Black Sash aus – und umgekehrt.

Dieses Leben war nicht immer einfach, aber es hatte durchaus seine schönen Seiten, denn Di und Brian zogen an einem Strang. Beide wurden sie von reaktionären Weißen immer offener angefeindet, schließlich sogar physisch belästigt und verfolgt. Ende Januar 1985 zündete man ihnen in einer windigen Nacht beide Autos an. Und so kommt es denn, daß die Nachricht von einem »ganz gewöhnlichen Verkehrsunfall« von Regimegegnern im ganzen Land mit äußerster Skepsis aufgenommen wurde. Bischof Tutus erste Reaktion: »Das kommt der anderen Seite jetzt einfach allzu gelegen...«

Am Abend des 28. Dezember 1985 – es war ein Samstag – stieß der vollbesetzte Personenwagen der Bishops auf der Fahrt von der Straußenzucht-Metropole Oudtshoorn in den Bergen zur Küste hinunter mit einem kleinen Lastwagen frontal zusammen, der auf der falschen Straßenseite entgegenkam. Der Fahrer des Transporters stand, wie spätere Untersuchungen ergaben, unter dem Einfluß erheblicher Mengen Alkohols. Von den vier Insassen der Bishopschen Limousine war einer auf der Stelle tot: Dis beste, erfahrenste Freundin und Beraterin, die um fast zwanzig Jahre ältere Molly Blackburn – Provinzabgeordnete und aktives Mitglied von Black Sash wie sie.

»Plötzlich sahen wir Lichter direkt auf uns zukommen. Brian Bishop versuchte auszuweichen, aber in der nächsten Sekunde schon tat es einen Schlag. Das geschah alles so schnell...«, beschrieb Mollys Schwester, Judy Chalmers, den Unfallhergang später. »Molly war sofort tot, aber Brian lebte noch etwa zwanzig Minuten lang. Er war bewußtlos, und wir konnten nichts für ihn tun. Di war auf ihrem Sitz eingeklemmt, und ihr Sicherheitsgurt mußte später zerschnitten werden, um sie aus dieser Lage zu befreien. Wir waren beide bei Bewußtsein – sie und ich –, aber wir standen unter schwerem Schock. Wir saßen einfach nur da, wenigstens eine halbe Stunde lang.«

Dis beide Beine waren mehrfach gebrochen. Noch Monate später mußte sie an Krücken gehen. Doch ihr Wille zum Widerstand blieb ungebrochen, ja er ging gestählt aus diesem grauenhaften Erlebnis hervor. »Man leidet nicht ohne Grund«, sagt die tief religiöse junge Witwe heute. »Und man leidet auch nicht ewig. Man wird von solchem Leiden schließlich nur noch gestärkt: in seiner politischen Überzeugung und in seinem Entschluß zum Kampf.« In die kleinliche Welt der Parteipolitik will Di jetzt nicht mehr zurückkehren. Der ist sie entwachsen, ein für allemal. Aber Mitte 1986 wählten die furchtlosen Frauen mit der schwarzen Schärpe Di Bishop einstimmig zur Vizepräsidentin der gesamten Organisation.

Aussage

Name: Veronica Phumla Ngalo
Adresse: 211 Sixth Avenue, Bhongolethu, Oudtshoorn
Alter: 12 Jahre

Ich bin zwölf Jahre alt. Ich lebe mit meinen Eltern, meinem Onkel Hendrick und meinen drei Brüdern und drei Schwestern zusammen. Ich bin die Zweitälteste.

Am Montag, dem 17. Juni 1985, um etwa drei Uhr nachmittags, gab mir meine Mutter einen Rand und bat mich, zum Laden zu laufen und einen Laib Brot zu kaufen. Die Geschäfte sind hier alle an der gleichen Ecke. Ich kaufte das Brot und ging die Vierte Avenue entlang nach Hause – das ist der kürzeste Weg. Als ich zu der kleinen Gasse kam, die nur zur Fünften Avenue führt (einen Wohnblock von der Buitenkant-Straße entfernt), sah ich ungefähr zwanzig Buben und Mädchen in alle Richtungen laufen. Ein Mädchen – ich weiß nicht, wer sie ist – rief auf Xhosa: »Renn! Das ist die Polizei!«

Die Kinder waren älter als ich, so um die sechzehn herum, und sie liefen schneller als ich. Ich trug ja auch das Brot. Ich rannte die enge Gasse zur Fünften Avenue hinauf. Als ich am ersten Haus vorbeikam, liefen die großen Kinder schon um die Ecke, nach links in die Fünfte Avenue hinein.

Ich sah einen weißen Polizisten aus dem Haus herauskommen, an dem ich vorüberlief. Er hatte ein langes Gewehr. Ich sah keine andere Polizei. Er trug eine blaue Uniform. Ich war allein auf der Straße und lief schneller, immer noch das Brot in den Händen. Rufen hörte ich den Polizisten nicht.

Als ich die Ecke der Fünften Avenue erreichte, hörte ich einen Knall und fühlte einen schrecklichen Schmerz in meinem Rücken.

(Anmerkung Brian Bishops: Ich habe die runde Narbe von etwa 1 cm Durchmesser auf Phumlas Rücken gesehen, auf der Höhe der Taille und etwa 3 cm links von der Mitte – eine Photoaufnahme wurde gemacht.)

Ich fiel. Ich hatte heftige Schmerzen, war aber bei Bewußt-

Die kleine Phumla am Tag ihrer Aussage. Die Kugel steckt noch immer in ihrem Rücken (Foto: Judy Chalmers)

sein. Ich betastete die schmerzende Stelle an meinem Rücken und sah, daß meine Hand blutig war. Nach scheinbar endloser Zeit (vielleicht drei Minuten?) kam ein etwa fünfzehnjähriges Mädchen zu mir. Ich kenne sie von der Schule, weiß aber ihren Namen nicht. Als sie mich hochhob, kam ein Mann, packte mich und trug mich zu seinem Haus. Das war Herr Stephen Douze, der in der Fünften Avenue lebt. Irgend jemand holte meinen Vater, und man brachte mich ins Krankenhaus.

Ich war einen Monat lang im Krankenhaus, immer unter Polizeibewachung. Die Kugel steckt noch immer in meinem Rücken drin. Der Arzt hat gesagt, ich könnte gelähmt werden, wenn man sie herausholt. Manchmal habe ich noch Schmerzen.

Nach einem Monat brachte mich die Polizei vom Krankenhaus auf die Polizeistation und dann ins Gefängnis. Sie fragten mich, ob ich Steine geworfen hätte, was ich verneinte. Vier Tage lang war ich im Gefängnis. Außer mir waren etwa sieben Frauen in der gleichen Zelle, die jüngste vielleicht zwanzig Jahre alt. Ich denke, die waren dort wegen Trunkenheit und nicht wegen Aufruhr.

Nach vier Tagen wurde ich vor Gericht gebracht und dann mit der Auflage freigelassen, am 10. August wiederzukommen. Ich erschien dort mit etwa fünf anderen, älteren Menschen. Ich war schwach. Ich gab keine Erklärung ab. Der Richter sagte, ich hätte Steine geworfen. Die Anklageschrift kenne ich nicht. Ich habe nicht mit Steinen geworfen. Ich wurde zu fünf Jahren Gefängnis mit Bewährung verurteilt. Der Richter sagte, wenn er über mich je ein Wort hört, dann komme ich in eine Besserungsanstalt. Den Namen des Richters kenne ich nicht.

[Veronica Phumla Ngalo wurde bei dieser Aussage von Hendrick Ngalo (ihrem Onkel, 65 Jahre alt, gleiche Adresse) unterstützt, der auch übersetzte.]

Diese Erklärung wurde gegenüber Brian Francis Bishop, 70 Molteno Rd., Oranjezicht, Kapstadt, in Bhongolethu am 28. Dezember 1985 abgegeben.

Unterzeichnet von:
Veronica Ngalo
Hendrick Ngalo (sein Zeichen)
Brian Bishop
28. 12. 85

Mama Molly

»Noch im Tod hat sie erreicht, wofür sie ein Leben lang gekämpft hat – nämlich uns alle zusammenzubringen«, sprach der Präsident des Weltbundes aller reformierten Kirchen, Allan Boesak, während der Aussegnung in einer Kirche mitten in der Küstenstadt Port Elizabeth am Indischen Ozean. »Ihr Tod ist nicht nur eine persönliche Tragödie für ihre Familie, sondern eine Tragödie für ganz Südafrika«, schrieb einige Tage später eine unbekannte Frau aus dem fernen konservativen Transvaal. »Denn sie allein vermochte es, die tiefe Kluft zwischen Schwarzen und Weißen in diesem Land zu überbrücken, während die nationalistische Regierung selbst mit Hilfe ihrer mächtigen Armee und Polizei dazu offensichtlich nicht imstande ist.«

Mehr als zwanzigtausend schwarze Menschen waren aus den townships rund um Port Elizabeth herbeigeströmt und viele hundert Weiße aus den naheliegenden Kleinstädten Grahamstown, Cradock, Uitenhage und Port Alfred angereist, um »Mama Molly« oder auch »Comrade Molly«, wie die Schwarzen sie je nach politischer Einstellung nannten, das letzte Geleit zu geben. Die Aufruhrpolizei hielt sich an diesem Tag ausnahmsweise weise zurück; eine zweite Trauerfeier wurde jedoch von den Sicherheitsbehörden am folgenden Tage ohne Begründung verboten.

Für die meisten Weißen war dieses Begräbnis in Port Elizabeth die erste Gelegenheit in ihrem Leben, an einer Massenveranstaltung mit schwarzen Menschen gemeinsam teilzunehmen. »So etwas habe ich noch nie gesehen«, gestand da einer von ihnen, baß erstaunt: »Wo kommen diese Menschenmassen nur alle her?« »Ich weiß schon, daß das Molly Blackburns Beisetzung ist, aber war das denn nicht eine weiße Frau?« fragte ein zufälliger Passant.

Ihre Bereitschaft, sich für die Probleme aller Menschen einzusetzen, habe sie auch zur Freundin aller gemacht, versuchte der schwarze Methodistenpriester Mvume Dandala das Phänomen Molly Blackburn zu erklären: »Molly hat uns endgültig bewiesen, daß auch in Südafrika die weiße Hautfarbe allein einen Menschen noch nicht zum Feind des schwarzen Volkes stempelt.«

Wann immer sie zu Hilfe gerufen wurde, eilte sie herbei. »Man kann einfach nicht irgendeine ihrer Taten herausgreifen und sagen: hierin bestand ihre Leistung. Es war vielmehr ihre Art, mit dem alltäglichen Kleinkrieg gegen die Apartheidsbestimmungen fertig zu werden, die sie vor allen anderen ausgezeichnet hat«, pries Black-Sash-Präsidentin Sheena Duncan ihre unermüdliche Mitarbeiterin.

Immer wieder war Molly bei der Erfüllung ihrer selbstgewählten Pflichten behindert, für illegales Betreten nicht-weißer Wohngebiete verhaftet und für die Teilnahme an illegalen Versammlungen, ja einmal sogar für die Beleidigung eines Polizisten (eine Anklage, die freilich später fallengelassen werden mußte) vor Gericht gestellt worden, obwohl sie die relative Immunität einer Provinzabgeordneten besaß. Als sie sich im Juli 1985 gerade auf dem Weg zu einem Treffen mit dem ehemaligen amerikanischen Außenminister Cyrus Vance und Ex-Verteidigungsminister Robert McNamara befand, wurde sie unterwegs festgenommen, unter dem Vorwand, schon etliche Wochen früher an einer illegalen religiösen Andacht teilgenommen zu haben. Also rief sie die Herren aus der Wachstube an: »Sorry, Freunde, ich kann hier nicht weggehen, weil ich sitze.« Diese Art trockenen Humors war typisch für sie.

Und doch hätte niemand auf den ersten Blick in dieser weißhaarigen, etwas molligen, aber stets gepflegten fünfundfünfzigjährigen Dame die Schutzpatronin wilder Jugendbanden vermutet, die sie unter anderem war. In der Tat bot sie in ihrer gediegenen Maßkleidung mit einreihiger Perlenkette unter all den mit revolutionären Slogans bedruckten bunten T-Shirts bei politischen Demonstrationen und bei den immer häufigeren Massenbegräbnissen der Unruheopfer immer wieder ein erstaunliches, weil überraschendes Bild. Aber gerade daß sie sich nicht zur Ewigjugendlichen verkleidete, gerade ihre direkte, herzliche Mütterlichkeit war es ja wohl, was die jungen Leute zu ihr hinzog und auch die allerargwöhnischsten jungen Revoluzzer zu ihr Vertrauen fassen ließ. Sie konnte vermitteln, beschwichtigen, Brücken bauen.

Als sie am 28. Dezember 1985 bei einem Autounfall ums Leben kam, hatte sie gerade wieder eine ihrer spontanen Hilfsaktionen beendet, hatte viele Klagen angehört und zahlreiche Zeugenaussagen auf Tonband aufgenommen. »Man muß schon einen ausgeprägten Gerechtigkeitssinn haben, um die Energie aufzubringen, einfach nur immer weiterzumachen; in einer Situation, die so verfahren wie die unsrige ist, darf man sich einfach selbst nie eingestehen, daß man auch einmal erschöpft und müde ist«, sagte sie nur knapp zwei Monate vor ihrem Tod. Es komme darauf an, diesen Menschen täglich beizustehen, die da oft grundlos leiden müssen. »Es ist geradezu lebenswichtig, daß dieses Leiden ein Gesicht bekommt... Wir Weißen werden von klein an darauf gedrillt, immer nur an ›die Schwarzen‹ als Masse zu denken. Solange wir dem akuten Unrecht, das in diesem Land geschieht, keinen Namen geben, solange wir Einzelschicksale nicht wahrnehmen können, können wir auch keinen brauchbaren Beitrag zur Lösung der Probleme leisten.«

Und doch blieb diese Frau zeitlebens optimistisch, was die Zukunft ihrer Heimat anbetrifft. Als Mutter von sieben Kindern aus zwei Ehen mußte sie wohl einfach optimistisch sein. Sie träumte in aller Naivität von einem nicht mehr rassisch ausgerichteten, demokratischen Staat, in dem die Individuen jeglicher Herkunft – durch Menschenrechte geschützt – völlig frei wären, sich nach Belieben zusammenzutun und harmonisch zusammenzuleben.

International bekannt wurde Molly Blackburn durch einen Bericht über Vorfälle von Folterung Minderjähriger in einer Polizeistation von Uitenhage, der Industrievorstadt zu Port Elizabeth, am 17. März 1985. Hätten die zuständigen Behörden diesen Bericht damals zur Kenntnis genommen, und wären sie den Anschuldigungen nachgegangen, dann wäre mit Sicherheit – rückblickend muß man das so sehen – das schreckliche Blutbad vom 21. März (also nur vier Tage später) in der township Langa bei Uitenhage nicht geschehen, bei dem zwanzig friedliche Teilnehmer an einem Beerdigungszug im Kugelhagel von unkontrollierten Polizisten unter dem Kommando eines gewissen Leutnant Fouché starben. Welch ungeheurer Schaden für das Ansehen Südafrikas in der Welt wäre dadurch verhindert worden!

Dieser Schnappschuß ist das letzte Bild: Molly Blackburn, Di und Brian Bishop (von links nach rechts) am Tag ihres tragischen Unfalls; in der kleinen Volksschule von Bhongolethu bei Oudtshoorn von der vierten im Bunde, Mollys Schwester Judy Chalmers, aufgenommen

Aber: »Nicht ein einziges Mal wurde die Wahrheit dieser Vorfälle öffentlich zugegeben. Nicht ein einziges Mal gab es auch nur einen einzigen Ausdruck des Bedauerns oder ein einziges Zeichen der Einsicht, daß solches Betragen zu tadeln sei«, mit diesen und härteren Worten leitete die damalige Vizepräsidentin von Black Sash die Publikation von Mollys eidesstattlicher Erklärung und fünfunddreißig Zeugenaussagen ein. »Kein Versuch wurde unternommen, die Schuldigen zur Rechenschaft zu ziehen, obwohl sie leicht zu identifizieren waren... Die Polizei muß daran gehindert werden, sich so aufzuführen, als besäße sie uneingeschränkte Vollmachten bei ihrer sogenannten Pflichterfüllung. Dieses ist die Aufgabe der Regierung... Wenn jedoch die allgemeine Lage durch Brutalität und Verantwortungslosigkeit der Polizei nur noch verschlimmert wird, dann wird die jetzt schon schwindende Hoffnung auf einen friedlichen Wandel vollends zunichte.« Seit damals sind die Machtbefugnisse der Sicherheitsbehörden nicht etwa eingeschränkt, sondern um ein Vielfaches ausgeweitet worden.

Molly Blackburn hatte damals vor Zeugen ausgesagt, daß Leutnant Fouché schon am Mittag des 17. März im Dienst schwer betrunken gewesen sei, wovon sie sich »nicht nur wegen seines außerordentlich aggressiven Betragens, sondern auch wegen seines stark nach Schnaps riechenden Atems« zweifelsfrei habe überzeugen können.

Große Mengen unschätzbarer Informationen (solcher und anderer Art) habe sie in ihrer unermüdlichen Sozialarbeit zusammengetragen, pries auch der Generalsekretär der Katholischen Bischofskonferenz von Südafrika, Smangaliso Mkhatshwa, »diese Frau mit ihrer einmaligen Zivilcourage und Popularität« an ihrem Grab. »Südafrika hat einen Menschen (»a human« – dick unterstrichen) verloren, auf den es stolz sein kann. Einen Pionier des Friedens«, stand auf einem großen Plakat, das Mama Mollys Sarg von schwarzen Männern vorangetragen wurde.

Kaum war die große verwaiste Familie Blackburn jedoch vom Friedhof zu ihrem Haus im Küstenvorort Walmer zurückgekehrt, da klingelte zum ersten Mal das Telephon: Ein Anrufer fragte die vierzehnjährige Tochter, die an den Apparat gegangen war, wann er denn den Champagner bringen solle. »Welchen Champagner?« fragte in aller Unschuld das Kind. »Den Champagner«, grölte der Mann am anderen Ende der Leitung, »um den Tod dieser Hündin zu feiern.«

Die Mütter Afrikas

Preisfrage an Kenner Südafrikas: Wer sind die »Mütter des schwarzen Volkes«, die »Mütter der Nation«, die »Mütter Afrikas«? Dieses sind Ehrentitel, wohlgemerkt, die man sich nicht einfach selber zulegen kann, sondern die – auf jene geheimnisvolle Weise, in der überwältigende Popularität entsteht – von der sogenannten Öffentlichkeit (oder um es im revolutionären Jargon der townships zu sagen: vom Volk) den Trägerinnen verliehen werden und die nicht nur Auszeichnung bedeuten, sondern zugleich auch lastende Verpflichtung sind. Noblesse oblige.

Ohne Zögern wird wohl jeder Winnie Mandela nennen, die Frau des seit mehr als zwanzig Jahren eingesperrten und zu lebenslänglicher Haft verurteilten Führers der in Südafrika schon 1960 für illegal erklärten Widerstandsbewegung »African National Congress« (ANC). Doch die andere, Albertina Sisulu, wer außerhalb ihres Heimatlandes kennt sie?

Es muß ein ganz ursprünglicher, zutiefst menschlicher Bedarf an Zeichen göttlicher Gnade sein, an sichtbarem Charisma, der immer wieder Führergestalten hervorbringt, die sich schließlich zum Mythos verklären, selbst gottähnlich und unantastbar werden – Verführergestalten, Erlösergestalten, deren propagandistische Verherrlichung schlußendlich nur in einem gipfeln kann: Personenkult. Durchaus ernst zu nehmende Beobachter Südafrikas beispielsweise sprechen von Nelson Mandela grundsätzlich als »dem Präsidenten« des ANC, was er de facto niemals war. Alle Welt fordert die Freilassung Mandelas, doch die Namen seiner gleichrangigen Mitgefangenen werden selten auch nur erwähnt.

Tatsächlich hat der 1912 gegründete ANC im Dezember 1952 zum letzten Mal unter annähernd normalen Bedingungen einen Präsidenten wählen können, nämlich den damals 54jährigen Zuluhäuptling Chief Albert John Luthuli, der ein überzeugter Anhänger des gewaltlosen Widerstandes im Geiste Gandhis war. Luthuli wurde 1956/57 wegen Hochverra-

Sie könnten kaum unterschiedlicher sein – Winnie Mandela und Albertina Sisulu, die beiden »Mütter der Nation« (Fotos: The Star)

tes inhaftiert, doch niemals vor Gericht gestellt. Von 1959 an war er, unter strikten Polizeiauflagen, für den Rest seines Lebens in seinen Heimatbezirk im Zululand verbannt, den er nur noch einmal, 1961, zur Entgegennahme des Friedensnobelpreises ausnahmsweise verlassen durfte. Am 21. Juli 1967 kam Luthuli unter mysteriösen Umständen ums Leben: auf einem Weg durchs Zuckerrohrfeld, den er fast täglich nahm, wurde er von einem Zug überrollt.

Zu diesem Zeitpunkt war der ANC schon seit sieben Jahren verboten. Luthulis erster Stellvertreter, Oliver Reginald Tambo, befand sich entsprechend lange im Exil. Vizepräsident Nummer zwei, der Vorsitzende der Provinz Transvaal, Nelson Rolihlahla Mandela, jedoch saß seit drei Jahren auf der Sträflingsinsel Robben Island. Lebenslänglich. Desgleichen der Generalsekretär der Bewegung, Walter Max Ulyate Sisulu, sowie die Führungskader Govan Mbeki (Vater des jetzigen Direktors für Information und Propaganda im Exil-ANC, Thabo Mbeki), Ahmed Kathadra, Dennis Goldberg, Raymond Mhlaba, Elias Motsoaledi und Andrew Mlangeni.

Tambo, Mandela und Sisulu, diese drei Xhosas aus dem »Homeland« Transkei, verbindet von früher Jugend an eine enge Freundschaft. Gemeinsam haben sie 1944 die Jugendliga des ANC ins Leben gerufen, die zwar erheblich militanter als der alte, christlich-nationalistische ANC war, aber immer noch unvergleichlich verhandlungs- und kompromißbereiter als die heutige revolutionäre Jugend in Südafrika. Diese Jugendliga brachte beispielsweise 1946 eine Resolution ein, die den ANC zum Ausschluß aller Kommunisten aufforderte, und erst 1950, nach dem Verbot der KP, kam es zu einer Annäherung.

Es sei schließlich die von der Regierung verfolgte Politik der Gewalt, des Terrors und der Unterdrückung gewesen, die den ANC überhaupt erst von der Bahn des gewaltlosen Widerstandes abgebracht habe, rechtfertigte dieser sich 1961 nach den ersten Sprengstoffanschlägen auf staatliche Objekte. Man habe die Entscheidung, zum bewaffneten Kampf überzugehen, keineswegs freiwillig getroffen, sondern sie sei dem ANC von der »nationalistischen« Regierung förmlich aufgezwungen worden, die jede friedliche Forderung »des Volkes« nach Recht und Freiheit mit immer größerer Gewalt beantwortet habe.

So wurden zwischen 1956 und 1960, als Reaktion der Regierung auf die sogenannte Freiheitscharta vom Juni 1955 – ein durchaus demokratisches Positionspapier, das sich mit jeder westeuropäischen Verfassung vertrüge –, 156 südafrikanische Widerstandsführer des Hochverrates angeklagt; darunter die gesamte Führung des ANC. Nach und nach mußten alle 156 freigesprochen werden. (Noch dreißig Jahre lang stand das Dokument auf dem Index, bis seine Harmlosigkeit amtlich festgestellt war.)

Am 21. März 1960 passierte Sharpeville: Unerfahrene Polizisten schossen, wahrscheinlich aus Angst, in eine Menge von rund 5000 friedfertigen Menschen, die einem Aufruf des »Panafrikanischen Kongresses« PAC (also nicht des ANC, sondern einer radikalen, anti-weißen Splittergruppe) gefolgt waren und gegen die verhaßten Paßgesetze protestieren wollten. 69 von ihnen wurden getötet.

Die Regierung rief daraufhin den nationalen Notstand aus und verbot den ANC. Tambo ging ins Exil, Mandela und Sisulu verschwanden im Untergrund. Im März 1961 tauchte Mandela, der seit neun Jahren ununterbrochen unter »Bann« gestanden hatte, in dieser Zeit aber theoretisch frei war, überraschend bei der »Allafrikanischen Konferenz« in Pietermaritzburg auf, wurde zum Sekretär eines »Nationalen Aktionsrates« gewählt und verschwand wieder ohne Spur. Im August 1962 wurde er jedoch verraten und verhaftet und für einen illegalen Streikaufruf sowie einen ungesetzlichen Grenzübertritt zu fünf Jahren Haft verurteilt. Ein Jahr später wurden sieben seiner Mitstreiter auf einer Farm in der Nähe von Johannesburg aufgegriffen, wo sie geplant haben sollen, eigene Waffen herzustellen. Die dort gefundenen Dokumente belasteten auch Mandela. Deshalb wurden alle acht Männer des Hochverrates angeklagt, schließlich jedoch nur der geplanten Sabotage für schuldig befunden und dennoch, am 11. Juni 1964, allesamt zu lebenslanger Haft verurteilt.

Als Angeklagter Nummer eins verteidigte der erfahrene Rechtsanwalt Mandela sich selber. Seither hat ihn – abgesehen von einer sehr beschränkten Zahl Besucher – in Südafrika niemand mehr gesehen; ja, seither hat über die Hälfte aller heute lebenden Südafrikaner überhaupt erst das Licht der Welt erblickt. Und dennoch ist er heute, nicht nur in Südafrika, wesentlich bekannter, als er es damals gewesen war. In aller Welt ist er jetzt die Symbolfigur südafrikanischen Widerstandes schlechthin.

Natürlich ist das zum Teil mit seiner stolzen Haltung vor Gericht zu erklären, die ihn unmittelbar zum »Helden des Volkes« erhöhte. Ganz sicher auch mit seiner Zivilcourage, die er auf Robben Island bewies, wenn er – wie bisher alle Entlassenen dieser »Mandela-Hochschule« der Widerstandspolitik anschaulich berichten – sich immer wieder zum Sprecher seiner Mitgefangenen machte und alle möglichen Hafterleichterungen für sie durchsetzte. Doch ganz reicht all das zur Erklärung des Mythos' Mandela einfach nicht aus.

Cherchez la femme. Ende 1956 legte ein hinreißend schönes und begabtes junges Mädchen aus dem fernen Pondoland (Ost-Transkei) in Johannesburg ihre Abschlußprüfung als Sozialarbeiterin ab. Die Ergebnisse waren so beeindruckend, daß ihr sofort ein Stipendium angeboten wurde, das es ihr ermöglicht hätte, an einer der großen amerikanischen Universitäten Soziologie zu studieren. Doch nahezu gleichzeitig kam das Angebot einer Stelle als erste schwarze medizinische Sozialarbeiterin am größten Krankenhaus für Schwarze in Südafrika, Baragwanath bei Soweto. Wäre Nonzamo (das bedeutet »die Vielgeprüfte«) Winnifred Madikizela damals nach Amerika gegangen, dann sähe sicher nicht nur ihr Schicksal heute völlig anders aus.

Sie blieb. Ihre beste Freundin, Studienkollegin und Stubenkameradin im Wohnheim für schwarze Mädchen, Adelaide, die spätere Ehefrau Oliver Tambos, hatte sie schon mit einigen Mitgliedern der ANC-Jugend zusammengebracht. Am »Bara« traf sie nun auch noch den Arzt Dr. Nthato Motlana, den späteren Vorsitzenden des Bürgerrechts-»Komitees der Zehn« von Soweto, der fortan ihr väterlicher Freund bleiben sollte und später Vormund ihrer Kinder war. Und durch diesen Kreis machte sie schließlich auch die Bekanntschaft jenes ebenso eleganten wie brillanten, sechzehn Jahre älteren Rechtsanwaltes aus dem Königshaus der Thembu, der mit Tambo gemeinsam mitten in Johannesburg ein Anwaltsbüro betrieb: Nelson Rolihlahla (»einer, der immer Wirbel macht«) Mandela. Der Madiba, wie er mit Sippennamen heißt, war damals längst des Hochverrates angeklagt.

Und alles, was jetzt kam, kann nur vor dem Hintergrund der eingangs dargestellten Entwicklung wirklich verstanden werden. Welch unglaublicher Optimismus muß diesen Mann, der schon verheiratet gewesen und Vater dreier Kinder war, erfüllt haben, daß er es wagte, in dieser Situation am 10. März 1957 um die Hand dieser faszinierenden Schönheit Winnie Madikizela anzuhalten, die doch noch immer ein unsicheres 22 Jahre junges Ding vom Lande war? Und welches Vertrauen in die Stärke dieses Mannes, in die Kraft seiner Ideale und politischen Ziele muß die junge Frau erfüllt haben, daß sie rückhaltlos ihr Jawort gab? Oder war es einfach umwerfend, einem königlichen Chief aus dem angesehensten Herrscherhaus des eigenen Volkes zu gefallen?

Am 14. Juni 1958, also immer noch während des Hochverratsverfahrens, wurde mit allem tribalen Pomp geheiratet. Bis auf Winnies allerbeste Freundin Adelaide Tambo, die inzwischen hochschwanger war, nahm die gesamte ANC-Intelligenzija an den ausgedehnten Festlichkeiten teil.

Es folgten zwei Jahre, die zwar von strikten Bannauflagen für den Ehemann belastet waren, sonst jedoch annähernd das ermöglichten, was man normalerweise unter Ehe- und Familienleben versteht. Die junge Frau Mandela war noch recht naiv, doch schnell lernte sie, was das heißt, die Frau eines Staatsfeindes zu sein: Polizeirazzien mitten in der Nacht, willkürliche Festnahmen, erste Bekanntschaft mit schwedischen Gardinen. Dort brach die Schwangere zusammen, und wenn ihr nicht Albertina Sisulu, die längst eine ausgebildete Krankenschwester und Hebamme war, tatkräftig beigestanden hätte, gäbe es heute die älteste Tochter Zenani, genannt Zeni, Frau eines Prinzen Dlamini von Swaziland und selbst Mutter dreier Kinder, wohl kaum. Die Haft bedeutete Verlust der Arbeitsstelle – auch dies eine Erfahrung, die bald zur alltäglichen Gewohnheit werden wird.

Schließlich Mandela im Untergrund. Das Paar sieht sich nur noch an geheimen Treffs, zu denen Winnie, immer überraschend und oft von völlig fremden Menschen, gefahren wird. Zum letzten Mal ist den beiden Ende Juli 1962 ein intimes Zusammensein vergönnt. Laut Nancy Harrisons autorisierter Biographie kam schon im Dezember 1960 Winnies zweite Tochter Zindziwa, Zindzi genannt, zur Welt. Anderen Quellen zufolge war das erst Ende 1963, mehr als neun Monate also nach der letzten privaten Begegnung, die in der Tat die letzte körperliche Berührung überhaupt in zweiundzwanzig Jahren war.

Dieser Möglichkeit, daß Zindzi gar nicht Mandelas Tochter sein könnte, wird von weißen Südafrikanern, denen ansonsten das Privatleben der Mandelas vollkommen gleichgültig ist, eine viel größere Bedeutung beigemessen, als sie sie für Schwarze haben kann. Das gehört in den Bereich der Schmierenkampagne, der hämischen Einflüsterungen, Winnie solle sich doch endlich scheiden lassen von diesem viel zu alten, ohnehin nicht greifbaren Mann. Gleichzeitig wurde diesem zugeraunt, wie hemmungslos ihn seine junge Frau betrüge, nun da er unfähig zur Kontrolle sei.

Immer wieder kann man auch gerade von etwas frustrierten weißen Männern hören, diese Winnie Mandela sei einfach »oversexed«. Wer da in Wirklichkeit »geschlechtlich überreizt« ist, in dieser Hochburg des Puritanismus, bleibt freilich die Frage; denn ist auch dem Reinen alles rein, dem Puritaner ist fraglos alles schmutzig – je puritanischer der Geist, desto schmutziger gelegentlich die Phantasie.

Kurz, Frau Mandela ist gewiß keine Heilige, sondern eine

durchaus gesunde, vitale, immer noch beeindruckend schöne Frau. Kaum ein Schwarzer würde von ihr verlangen, daß sie zurückgezogen wie eine Nonne lebt. Aus ihrer Schönheit hat sie statt dessen eine Waffe gemacht: Wo immer sie hingeht, folgen ihr die Fernsehkameras, sie ist ein Medienstar allererster Ordnung geworden und damit die beste Reklame nicht nur für sich, sondern auch für ihren Mann, für die gemeinsame Sache, »das Volk«.

Immer wieder kann man beobachten, wie sie mit ihrem Auftreten gerade ihre puritanischen Gegner völlig aus der Fassung bringt. Zum ersten Mal war das wohl damals, 1962, als sie überraschend vor Gericht von Kopf bis Fuß bekleidet mit den keineswegs flächendeckenden bunten Perlenschnüren des traditionellen Kostüms einer königlichen Prinzessin der Thembu erschien. Das regte die armen Justizbeamten dermaßen auf, daß schließlich der Minister ihr schriftlich verbot, je wieder in traditioneller Tracht einen Gerichtssaal zu betreten. Ein Bumerang; denn Hunderte von schwarzen Frauen kamen daraufhin in ihrer jeweiligen tribalen Kleidung zu Nelson Mandelas Verhandlungen. Winnie hingegen, berichtet ihre Biographin, habe statt dessen ein Kostüm in den schwarz-grün-gelben Farben des ANC gewählt: schwarz für das Volk, grün für das Land und gelb für das Gold in seiner Erde.

Als ihr Mann zu fünf Jahren Kerker und Zwangsarbeit verurteilt wurde, nahm sie das Urteil stolz erhobenen Hauptes hin: »Was geschehen ist, sollte niemanden verwundern«, sagte sie anschließend in einem Interview, »denn wir haben es mit einem bösartigen Unterdrücker zu tun. Ich werde weiterkämpfen wie bisher... sicherlich werde ich in den kommenden Jahren unter größter Anspannung leben, aber diese Art Leben ist mir längst zur zweiten Natur geworden. Die höchste Ehre, die man einem Mann hinter Gittern erweisen kann, ist, die Flamme der Freiheit in Brand zu halten und fortzufahren im Kampf.«

Genau dies hat Winnie Mandela in all den folgenden Jahren getan. In dieser programmatischen Erklärung aus dem Jahre 1962 deutet sich freilich auch schon eine ihrer empfindlichsten Schwächen an: ihre Tendenz, in Werbesprüchen zu reden, in vollmundigen, aber gelegentlich hohlen revolutionären Phrasen und Klischees – wie Sprechblasen in einem Cartoon von Lauzier. Wenn sie sich schließlich, im April 1986, vor erregten revolutionären Jugendbanden zu solch aberwitzigen Parolen hinreißen läßt, wie daß man mit Streichhölzern und Autoreifen (also mit dem berüchtigten Halsband-Mord) das Land befreien werde, dann ist sie vollends ein Opfer ihres eigenen Rollenverständnisses geworden, als PR-Funktionärin des ANC. Und wohl aus Angst, mit Mäßigung jeglichen Einfluß auf die wilden Kinder zu verlieren, verhilft sie der gegnerischen Regierung zu einem kaum überschätzbaren Propaganda-Sieg.

Die Jahre ihres Leidens sind oft beschrieben worden, diese Jahre einer Ehe von 30 bis 40 Minuten im Monat durch Sicherheitsglas, über abgehörtes Telephon und durch zensierte Briefe. Auch die Jahre der Verbannung in ein trostloses Kaff in tiefster Provinz – ihrem kleinen Sibirien, wie sie es selber nannte –, in Sand und Staub, in denen sie Hunderte von Malen verhaftet, immer wieder vor Gericht gebracht und doch nie einer anderen Straftat überführt werden konnte als der Mißachtung absurder Vorschriften. »Verhaftungen wurden ihr Frühstück, Bannbefehle ihr Mittagessen, Hausarreste ihr Nachtmahl, und ihr ständiger Begleiter war das Exil«, schrieb noch 1986 die Zeitschrift für schwarze Leser »PACE« in einer Würdigung.

Doch gerade in dieser Zeit hat sie sich bewährt. Sie hat eine Kraft bewiesen, die ihr früher niemand zugetraut hätte: Stolz und Stehvermögen – in den Augen ihrer Gegner auch Arroganz und Trotz. Und sie hat erreicht, daß man Mandela nicht vergaß, ja daß er zum Mythos wurde, zum Idol der Jugend, den man wie einen Messias erwartet: Wenn ER herauskommt, dann wird niemand mehr hungern, wird niemand mehr leiden; dann wird alles gut.

»Ach, wenn der Madiba herauskommt«, sagte freilich eines Tages ein alter Zulu im Brustton der Überzeugung in Soweto, »das erste, was er dann tut, ist diesen Weibsteufel Winnie übers Knie zu legen und tüchtig zu verdreschen, weil sie sich so wichtig tut. Und erst diese Zindzi, das verwöhnte kleine Biest!« Über die Familie Sisulu hört man derartige Bemerkungen nie. Ihr haftet nichts von den Jet-Set-Allüren der adeligen Mandelas an.

Schon in den vierziger Jahren sei der soziale Unterschied zwischen den beiden Männern auffallend gewesen, schreibt Ellen Kuzwayo in ihren Memoiren: »Ich erinnere mich gut an die blendende Erscheinung Nelson Mandelas jener Jahre. Der schöne weiße Seidenschal, den er um seinen Hals zu tragen pflegte, ist mir unauslöschlich im Gedächtnis geblieben. Walter Max Sisulu hingegen war ein abgehärteter, bodenständiger Mann mit entsprechend praktischer Kleidung – typisch für ihn waren sein schwerer Mantel und seine festen Stiefel.«

Sisulu war schon 1912 in der Gegend von Encobo, Transkei, zur Welt gekommen. Er wuchs ohne Vater auf und mußte schon mit fünfzehn Jahren allein auf Arbeitssuche nach Johannesburg ziehen, wo er sich in allen möglichen Betrieben wie Molkereien und Bäckereien durchschlug, bis er anfing, Streiks zu organisieren. Seine Leidenschaft galt von jeher der Geschichte, die er gar zu gerne an einer Hochschule studiert hätte; und noch sehr viel später, auf Robben Island, galt er unter seinen Mitgefangenen als der anerkannte Historiker der Bewegung und als der beste Kenner der Geschichte des Kontinents.

Ab 1940 wurde Sisulu politisch aktiv. In der Jugendliga des ANC machte man ihn zum Schatzmeister. Im Juli 1944 heiratete er die um sechs Jahre jüngere Krankenschwester Albertina, die ihn schon lange zu politischen Versammlungen begleitet hatte, ohne jedoch den Mund aufzutun. Auch diese Ehe war außergewöhnlich, zumal Sisulu ständig eingesperrt war, allein zwischen 1953 und 1964, also in seiner Amtszeit als Generalsekretär des ANC, insgesamt achtmal. Auch er war natürlich während des Hochverratsprozesses 1956 bis 1961 unter den Angeklagten.

Sisulu war immer erheblich radikaler als Mandela und besonders als Tambo gewesen, vor allem Weißen gegenüber war er viel unversöhnlicher. Dies wird von Freunden mit seiner auffallend hellen Hautfarbe erklärt – seinen Vater hat er nie gekannt.

Aber Albertina ist die Sanftheit in Person. Oder nicht mehr so ganz? »Die unter uns, die Albertina Sisulu in den vierziger Jahren kannten, hätten niemals erwartet, daß wir je diese Albertina der sechziger, siebziger und achtziger Jahre erleben würden«, schreibt Ellen Kuzwayo in ihrem Buch. »Ich kannte sie damals als die immer lächelnde, freundliche kleine Frau Walter Sisulus, eine liebenswürdige Gastgeberin, die den Mitgliedern des Kongreß-Komitees nach einer langen, anstrengenden Sitzung freundlich Tee anbot. Wer hätte damals gedacht, daß wir 1983 von ihr als dem meistgebannten Menschen Südafrikas sprechen würden – alles in allem 17 Jahre? Als sie nach Aufhebung des letzten Bannes interviewt wurde, bemerkte sie nur: ›Wenn er wirklich aufgehoben ist, dann bin ich glücklich, weil es mir endlich vergönnt sein wird, meine Arbeit fortzusetzen.‹ Und mit ›Arbeit‹ meinte sie ihre politische Tätigkeit.«

Diese hatte ernstlich erst 1958 begonnen, als sie eine Gruppe schwarzer Frauen anführte, die mitten in Johannesburg aus Protest gegen die Paßgesetze ihre Ausweise demonstrativ vernichteten. 1963 wurde sie erneut verhaftet, weil sie, kaum aus dem Gefängnis frei, eine flammende Rede zur Rettung des gemischtrassigen Stadtteils Sophiatown vor den Bulldozern der Behörden hielt.

»Comrade Ma Albertinas« Reden sind mitreißend wie ein Wirbelsturm, solange sie sich an keinerlei schriftlichen Text halten muß. Sobald sie etwas abliest, eine Erklärung, ein Dokument, stammelt sie, wirkt schüchtern, unsicher, unkonzentriert.

Als ihr Mann im Juni 1964, gemeinsam mit Mandela und sechs weiteren Kameraden, zu lebenslangem Kerker verurteilt wurde, saß Albertina Sisulu auf einmal allein mit fünf Kindern im Alter von 17, 14, 12, 9 und 5 Jahren da. Jemand habe sie damals gefragt, schreibt ihre Freundin Ellen, ob sie über das Urteil denn nicht bitter sei. »Ja was denn sonst?« habe sie entgegnet, »mit fünf Kindern ohne Ernährer allein gelassen?« Wann immer sie nicht unter Hausarrest stand – doch das waren insgesamt zehn Jahre –, konnte sie immerhin als Krankenschwester beim Gesundheitsamt von Johannesburg immer wieder Arbeit finden, denn gut ausgebildete Fachkräfte sind im Land der nach Rassen getrennten Erziehung noch immer rar.

Im Juni 1982 wurde sie zum letzten Mal »gebannt«, das heißt mit strikten Auflagen bedacht, die von ihr verlangten, jeweils nur mit einer Person zusammenzusein – und niemals mit einer gebannten –, öffentliche Gebäude und Veranstaltungen zu meiden, sich regelmäßig bei der nächsten Polizeistation zu melden und dergleichen mehr. Im August 1983 wurde sie erneut verhaftet, weil sie im Januar 1982 in Soweto an einem Begräbnis teilgenommen und sich dabei angeblich staatsgefährdend benommen hatte.

In Soweto selbst, dieser Zwei-Millionen-Siedlung für schwarze Arbeitskräfte der weißen City von Johannesburg, wird der Hergang der Ereignisse von Augenzeugen folgendermaßen erzählt: Zufällig waren in der gleichen Woche zwei angesehene Lokalgrößen gestorben – ein ehrenvolles Altmitglied der durchaus legalen Befreiungsbewegung der Zulus, Inkatha, und ein Uraltmitglied des nun schon seit 22 Jahren verbotenen ANC, eine Frau namens Rose Mbele. Am 16. Januar, einem Samstag, wurden die beiden Toten gemäß den traditionellen Bräuchen ordentlich zu Grabe getragen. Die Polizei hatte von ihren Informanten erfahren, daß mit Sympathiekundgebungen für den ANC zu rechnen sei. Einige wackere Beamte zogen also mit einem gepanzerten Spähfahrzeug aus. Bald erblickten sie einen singenden, swingenden Leichenzug, über dem in schamloser Offenheit die verräterischen ANC-Fahnen wehten: schwarz, grün und gelb. Sie verfolgten die Trauernden bis zum offenen Grab. Dort machten sie sich eilends an die Festnahme der frevlerischen Revolutionäre, erfuhren jedoch zu ihrem Staunen, daß das ein völlig legales Inkatha-Begräbnis war. (Die Farben sind die gleichen, und Inkatha-Präsident, Prinz Mangosuthu Buthelezi, war sogar selbst bis 1960 ANC-Mitglied.) Wütend fuhren die Ordnungshüter davon, durch die weitausgedehnte township hin und her, auf der Suche nach dem angekündigten Verbrechen.

Unterdessen war auch der andere Leichenzug vorangekommen. Dem Sarge Rose Mbeles folgte ein offener Kleintransporter, auf dessen Ladefläche die pensionierte Krankenschwester Albertina Sisulu und ein junger Computer-Spezialist standen. Sie hielten eine große Fahne in die Höhe, die fröhlich im Fahrtwind flatterte – das schwarz-grün-gelbe Tuch des ANC. Als die Trauergemeinde beim Grabe angelangt war, blickte Albertina vorsichtshalber zurück und sah den Polizeiwagen nahen. Da sprang die mehrfache Großmutter behende vom noch rollenden Wagen herab, warf das Tuch über den Sarg, gab ein Zeichen, diesen sofort in die Erde hinabzuseilen, warf mit einer Schaufel Sand hinterdrein und reichte die Schippe weiter. Als die Polizisten angekommen waren, war von dem bunten Stoff kein Zipfel mehr zu sehen. »Her mit der Fahne«, forderten die Ordnungshüter barsch. »Die Fahne?« fragte Albertina unschuldig, rückte ihre große Brille zurecht und lächelte freundlich. »Welche Fahne – wovon, bitte, reden Sie?«

Am 24. Februar 1984 wurde Albertina Sisulu (66), seit wenigen Monaten Präsidentin der »Föderation südafrikanischer Frauen« und der Dachorganisation gewaltlosen außerparlamentarischen Widerstands »United Democratic Front« (UDF) im Transvaal, vor dem Bezirksgericht von Krugersdorp für schuldig befunden, die Ziele des ANC dadurch gefördert zu haben, daß sie Kampflieder angestimmt, Propagandamaterial verteilt, die ANC-Fahne gezeigt, den Sarg einer Toten damit drapiert und somit Sympathie und Unterstützung für die verbotene Organisation, deren Aktivitäten, Führer und Mitglieder gefördert habe. Der Richter verurteilte sie zu vier Jahren Gefängnis, von denen zwei für fünf Jahre zur Bewährung ausgesetzt waren.

Natürlich hat sie sich nicht bewährt. Bald stand sie wieder – diesmal wegen Hochverrates – gemeinsam mit fünfzehn anderen Angeklagten vor Gericht. Dieser Prozeß zog sich über Monate hin; am 3. Mai 1985 wurden alle Angeklagten gegen Kaution und unter strengen Auflagen aus der Untersuchungshaft entlassen, und am 9. Dezember des gleichen Jahres wurde schließlich gegen zwölf von ihnen die Anklage in allen Punkten fallengelassen. Albertina Sisulu war dabei.

Von der UDF-Gründungsversammlung war Albertina in absentia ins Präsidium gewählt worden, weil sie gerade wieder einmal saß. Sie sieht in dieser UDF eine Organisation, die die Menschen Afrikas vereinen soll, über alle Schranken hinweg, schwarz und weiß. Friede in Südafrika, sagt sie, könne es nur dann geben, wenn alle politischen Häftlinge freigelassen werden und eine Nationalversammlung aus allen Bevölkerungsgruppen einberufen wird, die über die Zukunft des Landes entscheidet. Diesen Standpunkt vertritt der Rest der Welt.

Ihren Idealen am nächsten kommt wahrscheinlich ihr Sohn Zwelakhe, ihr drittes Kind. Zwelakhe Sisulu ist Journalist und war lange Präsident der von ihm gegründeten »Media Workers' Association of South Africa«. Anfang 1986 startete er im Auftrag der »Katholischen Bischofskonferenz von Südafrika« eine (zunächst vierzehntägig erscheinende) Wochenzeitung für überwiegend schwarze Leser, die sich die Umerziehung und Vorbereitung der Bevölkerung für eine demokratische Zukunft zum Ziele gesetzt hat: »The New Nation«. Im März 1986 gelang es diesem überzeugenden jungen Intellektuellen, auf einer Konferenz in Durban die aufgebrachten Jugendorganisationen dazu zu bewegen, statt in den Straßenkampf zu ziehen an ihre Schulen zurückzukehren. Den törichten Slogan »Freiheit jetzt – Erziehung später« hat er damals – wenigstens für einige Monate – erfolgreich durch den Aufruf »Erziehung für die Freiheit!« ersetzt.

Ganz ähnlich trat seine unerschrockene Mutter zur gleichen Zeit in der von Unruhen aufgewühlten township Alexandra bei Johannesburg auf. Seelenruhig rief sie die tobenden Kinder zur Ordnung, ganz als ob sie in ihren eigenen vier Wänden und das alles ihre eigenen Sprößlinge wären – und diese sonst völlig unzähmbaren Halbwüchsigen gehorchten ihr aufs Wort. »Der Kampf ist nicht an einem Tag gewonnen«, beschwor sie ihre Zuhörer. »Auch wenn wir hier an den Särgen von siebzehn eurer Kameraden stehen, die die Polizei kaltblütig umgebracht hat, dürft ihr noch lange nicht wahnsinnig werden. Das sind nur die Tritte eines sterbenden Pferdes, das völlig verrückt geworden ist vor Angst. Ihr aber müßt euch mäßigen, ihr müßt zusammenhalten und nicht wie Hunde übereinander herfallen – ihr wollt doch eines Tages die Verantwortlichen in der Regierung dieses Landes sein! Der Weg zur Freiheit ist kein leichter Weg, hat unser Führer Mandela gesagt.«

Zum ersten Mal ist es mucksmäuschenstill in der immer wieder durch Kampfgeschrei, revolutionäre Gesänge und stampfende Kriegstänze aufgewühlten staubigen Arena des Sportstadions von Alexandra, in der die siebzehn Särge der jungen Toten nun schon seit Stunden in der glühenden Sonne stehen, von den schwarz-grün-gelben Fahnentüchern des ANC nur notdürftig geschützt.

Ganz anders der Auftritt Winnie Mandelas, der anderen »Mutter der Nation«. Unter einem Baldachin aus Blumen, einem schwarz-grün-gelben Gesteck in der Form Afrikas, schreitet sie im schicken schwarzen Trauerhütchen herein, umgeben von einer Schar gutaussehender indischer Rechtsanwälte. Prunk, Glanz und Gloria der großen weiten Welt trägt sie in dieses traurige, graue, verwahrloste Ghetto hinein. Ein Seufzen, ein Stöhnen geht durch die Reihen, viele Menschen drängen sich näher heran, um einen Blick auf sie zu erhaschen; andere versuchen, ihr Kleid zu berühren. Albertinas Kittelschürze faßt niemand an. Doch Vater Mkatshwa, der Sekretär der katholischen Bischofskonferenz, der die Trauerfeier leitet, weil er ausnahmsweise einmal nicht im Gefängnis sitzt, winkt fast ein wenig ärgerlich ab: »Würden Sie bitte Platz nehmen, Mrs. Mandela?« Ein Begräbnis ist schließlich kein Maskenball.

»Das ist keine Revolution, sondern handfeste Politik«, schreibt der südafrikanische Journalist Ken Owen, ein erfahrener Mann, der keineswegs zum Schwärmen neigt, noch zutiefst beeindruckt, wie wir alle, am folgenden Tag: »So war das früher bei nationalistischen Kundgebungen, die ich als Kind noch mitgemacht habe; als das Gefühl der Unterdrükkung und Benachteiligung unter den Afrikaanern so leidenschaftlich war, wie es heute hier in Alexandra ist. Der einzige Unterschied ist die Gegenwart des Todes, aber das ist dennoch Politik; in einer vollkommen anderen Welt, in der das Gesetz der südafrikanischen Regierung einfach nicht mehr gilt, wo die Bannsprüche der südafrikanischen Polizei schnöde mißachtet, die Fahnen des ANC ohne Furcht gezeigt und die gewalttätigen jungen ›Comrades‹ von wahren Führern gebändigt werden.«

»Viva Mandela, Viva! Viva Sisulu! Viva!« Immer wieder dröhnt das weite Stadion von Abertausenden erregten Stimmen, die ihre fernen Führer preisen, mehr als zwanzig Jahre, nachdem man sie ihnen genommen hat. Daß sie in all diesen Jahren nicht vergessen worden sind, das war die Leistung ihrer Ehefrauen. Denn in der erzwungenen Abwesenheit ihrer Partner haben alle beide – jede auf ihre sehr persönliche Art – sich großartig bewährt. Alle beide haben sie sich, jeweils ihrem Charakter gemäß, das Wort Chief Luthulis zu eigen gemacht: »Dein Mut muß wachsen mit der Gefahr.« In ihrem Mut sind sie alle beide weit über sich selbst hinaus gewachsen – eine südafrikanische Evita Peron und eine standhafte Großmutter Courage.

Ex unitate vires

Acht Uhr dreißig afrikanische Zeit, also irgendwann nach zehn, werden die zweiundzwanzig Angeklagten, neunzehn weiße und drei schwarze Frauen, namentlich aufgerufen und in den Gerichtssaal Nr. 4 von Protea – einem Außenbezirk der Schwarzensiedlung Soweto bei Johannesburg – hereingeholt. Die Anklagebank ist viel zu klein für sie, und auch der schmale Zuschauerraum ist schnell überfüllt: Solch ein Schauspiel genießt man in Soweto nicht jeden Tag. Alsbald stehen sie da dicht aneinandergedrängt, zweiundzwanzig vollkommen friedfertige Frauen: die Gattin und die Tochter eines Kirchenfunktionärs, die Ehefrau eines international angesehenen Journalisten, eine Schauspielerin, eine Universitätsdozentin, eine Austauschstudentin, eine Sozialarbeiterin, drei katholische Nonnen in gestärkten weißen Häubchen und drei noch jüngere schwarze Frauen aus Soweto.

Sie sind alle angeklagt, sich fünf Wochen zuvor gegenüber der Polizeistation von Moroka, einem nahegelegenen anderen Teil der »schwarzen« Trabantenstadt, unter freiem Himmel versammelt zu haben, um mit recht gemäßigten Slogans auf viel zu großen alten weißen Herrenhemden gegen die Anwesenheit regulärer Truppen in den townships und gegen jegliche Form von Gewalt zu demonstrieren. Die neunzehn weißen Frauen haben damit gleichzeitig auch noch gegen das Verbot verstoßen, ohne polizeiliche Erlaubnis das Wohngebiet einer anderen Rasse – für das der Ausnahmezustand erklärt worden war – betreten zu haben. Sie waren schon nach wenigen Minuten festgenommen, für einen guten Teil der Nacht im Zentralgefängnis von Johannesburg festgehalten und schließlich gegen eine Kaution von je zweihundert Mark wieder freigelassen worden.

Schon vor der Verhandlung hatte die resolute Rechtsanwältin, Cathy Satchwell mit Namen, draußen auf dem Rasen mit all ihren Mandantinnen Kriegsrat gehalten und diese auf eine recht riskante Taktik eingeschworen. Jetzt verliest sie eine Erklärung aller zweiundzwanzig Angeklagten, in der diese sich ausnahmslos und ohne jede Einschränkung schuldig bekennen, vorsätzlich geltende Gesetze gebrochen zu haben. »Wenn das man gut geht!« stöhnt der diplomatische Beobachter der Bundesrepublik, der gekommen ist, weil es sich bei der Studentin um eine deutsche Staatsbürgerin handelt.

»Wir haben alle an einer friedlichen Demonstration in Soweto teilgenommen, als Geste der Solidarität mit den township-Frauen. Als Frauen und Mütter tragen wir besondere Verantwortung und Sorge für die Kinder unseres Landes. Wir glauben, daß Apartheid, verschlimmert durch die Notstandsregelung und die Besetzung der townships durch die südafrikanische Wehrmacht, zur Brutalisierung unserer Jugend führt – schwarz wie weiß. Für die Polizeistation von Moroka hatten wir uns deshalb entschieden, weil dort schon sehr viele unmündige Kinder festgehalten worden sind. Moralisch fühlen wir uns völlig schuldlos, weil wir glauben, daß es unser demokratisches Recht und unsere moralische Pflicht ist, unsere Besorgnis auf gewaltlose Weise öffentlich zu demonstrieren. Der Entzug dieses Rechts hat die Verständigung zwischen den Rassen unterbunden und uns an die Schwelle eines Bürgerkriegs gebracht. Wir sind eine einzige Nation und fordern, in Frieden zusammenleben zu dürfen.«

Die Rechtsanwältin überreicht diesen Text dem hohen Gericht. Der schöne, noch junge Richter, ein Bure namens Bezuidenhout, hat mit halbgeschlossenen Augen zugehört. Jetzt blickt er erstaunt in das Halbrund zweiundzwanzig freundlich lächelnder Gesichter, dann senkt er die müden Augen wieder und blättert verlegen in seinen Akten herum. Die Angeklagten werden aufgefordert, sich jede einzeln schuldig zu bekennen. Wie heiratslustige Bräute vor dem Traualtar sagen sie eine nach der anderen klar und deutlich »ja«. Die neunzehn Europäerinnen gestehen darüber hinaus, in voller Absicht illegal nach Soweto gekommen zu sein und den Stadtteil Moroka betreten zu haben. Dem allen hat der Staatsanwalt nichts hinzuzufügen. Die Höchststrafe, mit der die Frauen jetzt rechnen müssen, beträgt sechs Monate Gefängnis oder etwas mehr als fünfhundert Mark.

In einem ausführlichen Plädoyer macht die Anwältin nun auf die rechtlichen Möglichkeiten aufmerksam, den Idealismus, die edlen Motive, die freundlichen Charaktere und die Unbescholtenheit ihrer arglosen Schützlinge als mildernde Umstände in Erwägung zu ziehen. Und vor allem solle das hohe Gericht vor Festsetzung des Strafmaßes unbedingt wissen, daß all diese idealistischen Frauen eisern dazu entschlossen seien, Geldbußen abzulehnen und auf alle Fälle ihre Strafe im Gefängnis abzusitzen.

Kleinlaut erinnert der Staatsanwalt – auch er ein Bure – an den bestehenden Ausnahmezustand und auch daran, daß die Damen nun einmal »von anderswoher« gekommen seien, um hier zu demonstrieren. »Das ist alles, Euer Ehren«, murmelt er und packt sein Butterbrot aus. Der Richter zieht sich alsbald zur eingehenden Beratung mit sich selbst zurück.

Er muß verstanden haben, daß es den Frauen völlig ernst mit ihrer Drohung ist, denn es ist erst wenige Wochen her, daß eine völlig durchschnittliche weiße Johannesburger Haus- und Geschäftsfrau sich geweigert hat, die in ihrem Fall übliche Geldstrafe von etwa hundert Mark zu bezahlen, und statt dessen für zehn Tage ins Gefängnis ging. Alle Zeitungen hatten ausführlich darüber berichtet.

Kontrollbeamte hatten während eines Routinerundgangs auf dem Grundstück der Familie Crawford eine legal nicht registrierte schwarze Hausgehilfin angetroffen. Seit einigen Monaten war es der Arbeitgeber gewesen, der in solchen Fällen zur Verantwortung gezogen wurde. Folglich war Marion Crawford, die fünfzigjährige Hausfrau und Mutter zweier Teenager, vor Gericht gekommen. Hier nun hatte sie zur Verblüffung ganz Südafrikas in aller Ruhe und Deutlichkeit ihren Standpunkt dargelegt, daß die Zuzugsregelungen für Schwarze und die dazugehörigen diskriminierenden Paßgesetze ungerecht, unwürdig, ja unmoralisch seien und daß jetzt endlich die Zeit gekommen sei, sich dagegen aufzulehnen, zumal die Regierung ja unausgesetzt von der Abschaffung aller Apartheidsgesetze rede. »Ich mußte mich entscheiden: zwischen dem, was moralisch, und dem was rechtlich richtig ist«, hatte sie erklärt: »Es ist ein Jammer, aber wirklich nicht meine Schuld, daß das auseinanderfällt.«

Ihre (natürlich weißen) Mitgefangenen waren über die biedere Hausfrau und deren »Verbrechen« höchst erstaunt gewesen. »Warum sitzt du überhaupt?« hatte eine Zellennachbarin gefragt, »hat dein Mann denn die Strafe nicht bezahlen wollen?« »Warum gehst du bloß für eine schwarze Frau in den Knast?« hatte eine Aufseherin sich gewundert, »normal wäre doch das Gegenteil.«

Im Gespräch unter vier Augen gab Frau Crawford später bereitwillig zu, daß das Gefängnisleben eine erschütternde Erfahrung gewesen war, obwohl sie als ausgebildete Sozialarbeiterin geglaubt hatte zu wissen, was dort auf sie wartete. Und obwohl sie schon nach sechs Tagen wegen »guter Führung« wieder entlassen worden war, blickte sie noch lange voller Horror auf diese mehr als hundert langen Stunden zurück.

Nach ihrer Freilassung war sie mit Glückwünschen, Blumen und Telegrammen aus aller Welt nur so überhäuft worden. »Millionen schwarzer Frauen wurden im Laufe der Jahre wegen dieser Gesetze eingesperrt – warum das Theater, wenn es mal mit einer weißen Frau passiert?« überlegte sie später, nüchtern distanziert. (Tatsächlich waren in den letzten zehn Jahren vor Aufhebung der Paßgesetze nach Angaben des regierungskritischen Institutes für Rassenbeziehungen insgesamt 2,17 Millionen Menschen wegen einschlägiger Vergehen festgenommen worden, also durchschnittlich 217 000 im Jahr oder auch alle zweieinhalb Minuten einer. Im Jahre 1985 war diese Zahl zum ersten Mal drastisch auf knapp hunderttausend zurückgegangen, unter den Festgenommen 57 Mischlinge, kein einziger Inder und natürlich auch kein Weißer.) »Ich glaube, die meisten reagieren so aus einem Schuldgefühl heraus – das ist fast wie ein Reinigungsprozeß«, meinte Marion.

Damals, im Falle Crawford, hatte der Richter sich auf verblüffende Weise von seinem eigenen Urteil distanziert: Das Gericht schaffe die geltenden Gesetze nicht, es habe sie nur durchzusetzen, hatte er gesagt. Zu welchem Urteil mag sein Amtskollege hier in Soweto in diesem denkwürdigen Fall jetzt kommen?

Während der halbstündigen Pause steigt spürbar die Nervosität: ein halbes Jahr Gefängnis ist doch eine lange Zeit. Wie leicht kann unterdessen der Arbeits- oder Studienplatz verlorengehen? Und wer sorgt so lange für die Kinder, für den Ehemann? Steht nicht vielleicht jetzt ein wenig zuviel auf dem Spiel?

Die Verhandlung wird fortgesetzt. Der Richter kehrt auf

seinen Platz zurück. Zu welchem Schluß mag er in den vergangenen dreißig Minuten wohl gekommen sein? Teils vor Erregung kichernd, teils vor Anspannung bleich blicken die zweiundzwanzig Delinquentinnen nun, auf alles gefaßt, zu Richter Bezuidenhout auf. Das Gericht habe alle Aspekte geprüft, erklärt dieser mit matter Stimme, fast beiläufig. Die Angeklagten seien zu verwarnen und freizulassen.

Die Schlußbemerkung des Staatsanwaltes, der schleunigst seinen Talar abstreift, geht in lautem, fröhlichem Jubel unter. Erschöpft sackt der junge Richter auf seinem erhöhten Sitz unter dem holzgeschnitzten Staatswappen zusammen. »Ex unitate vires«, steht darauf: durch Einheit stark. Er läßt seine langen Arme über die Brüstung baumeln. Doch während der kleine Gerichtssaal sich blitzschnell leert und er sich schließlich unbeobachtet fühlt, stiehlt sich ein Lächeln auf das blasse, abgespannte Gesicht.

Das mit Zandie

Sie verstehen das nicht – all diese Gewalttätigkeit, wo die auf einmal herkommt, in so einem christlichen, friedliebenden Land? Ja, lange habe ich das auch nicht verstanden. Aber jetzt. Da, sehen Sie sich meine Hände an: Diese Finger haben noch nie irgendein Lebewesen getötet, nicht einmal ein kleines Huhn. Aber ich sage Ihnen, es hat einen Tag gegeben, da hätten die liebend gerne irgend jemanden auf der Stelle erwürgt. Als das mit Zandie passiert ist, voriges Jahr im April. Aber ich will Sie nicht aufhalten, Sie haben es eilig, Sie müssen fort. Nein?

Wie gesagt, das war voriges Jahr im April. An einem friedlichen Sonntagnachmittag. So ganz still ist so ein Sonntag bei uns in Soweto natürlich nie. Auf der Straße spielten ein paar kleine Buben mit einer Bierbüchse Fußball. Das lärmt und staubt ganz ordentlich, darum hatte ich das Fenster zugemacht. Meine Große – die ist schon 26 und arbeitet bei einer Bank – war zu einer Bekannten gegangen. Im Haus waren nur meine Mutter, mein Bruder und ich. Wir tranken Tee und sprachen über die neue Steuergesetzgebung. So genau weiß ich das noch.

Zandie spielte mit ein paar Freundinnen vor dem Haus, Seilspringen mit einem Gummiband. Zandie ist mein Nesthäkchen – ich habe nur die beiden, keinen Sohn; dazwischen ein paar Fehlgeburten. Zandie ist jetzt gerade vierzehn geworden, sie muß also knapp dreizehn gewesen sein. Sie ist ein zartes Kind, ganz anders als ihre Schwester, die schon früh selbständig war. Zandie ist oft erkältet, und vor allem ist sie zuckerkrank, hat schlechte Augen und muß schon seit drei Jahren eine Brille tragen. Glauben Sie mir, ich habe mir schon so oft um Zandie Sorgen gemacht, daß es in meiner Brust weh tut, wenn ich nur an sie denke.

Also so war das: Wir hörten ein Stück weiter die Straße hinunter einige Halbwüchsige Freiheitslieder singen, auf Mülleimern trommeln und tanzen. Auch das ist sonntags ganz normal. Was sollen die denn schon sonst groß tun? In Soweto ist sonntags rein gar nichts los. Irgendwann merkten wir, daß das Singen und Trommeln immer lauter und heftiger wurde, aber erst dann hörten wir den Motorenlärm. So einen Panzerwagen erkennt bei uns schon jedes Kind. Das sollten Sie mal sehen, wie die Dreijährigen unter die Betten kriechen, wenn sie nur das Geräusch von so einem Casspir hören. Nun ja, wo war ich stehengeblieben? Also der Lärm kam immer näher, und da bin ich rausgegangen und hab die kleinen Mädchen zum Spielen in die Garage geschickt. Da sind sie sicher, dachte ich. Sie wissen schon, wenn Steine fliegen oder geschossen wird.

Gleich darauf kam ein Junge aus der Nachbarschaft angerannt; ein netter Kerl – ich kenne seine Mutter –, und zwei Polizisten liefen dicht hinter ihm her. Er springt über unseren Zaun, rast quer durch den Garten, auf der anderen Seite wieder hinaus, und fort ist er. Nichts wie ins Haus, denk ich mir, die Türe zu. Amen. Doch da donnern auf einmal zwei laute Schläge, schnell hintereinander. Wie Fehlzündungen, nur viel lauter. Mein Bruder rennt raus. »Die Garage!« brüllt er. Er läuft hinüber und reißt die Garagentür auf. Da drin hocken die armen kleinen Mädchen und kotzen und keuchen ganz fürchterlich, und Zandie liegt am Boden und reibt sich die Augen und schreit und schreit. Da hatten doch tatsächlich diese Polizisten zwei Kanister Tränengas in die Garage geworfen und die Türe zugeklappt. Na, was konnte ich schon machen? Ich habe den Kindern Wasser über die Köpfe gegossen, ihnen tüchtig die Gesichter gewaschen und mit Olivenöl eingeschmiert. Dann sind Zandies Freundinnen nach Hause gegangen.

Wie Zandie aus der Garage herauskam, hat sie noch mehr geschrien als vorher, weil ihr das grelle Licht in die Augen gebissen hat. Am Abend habe ich Zandie ganz früh ins Bett gesteckt. »Schlaf du dich mal richtig aus, mein Kleines, dann wird alles wieder gut.« Morgens stehe ich als erste auf, kurz vor halb fünf, weil ich um sieben bei der Arbeit sein muß. An dem Morgen hab ich extra noch mal schnell nach Zandie geschaut: »Zandie, wie geht's?« »Gut, Mami«, hat Zandie gesagt, und da bin ich beruhigt fortgegangen.

Nach der Arbeit hab ich noch schnell was eingekauft. In

der Stadt ist das billiger als in Soweto, wissen Sie, weil die schwarzen Händler sich keine großen Lager halten können. Aber dann bin ich auf dem schnellsten Wege heim. Wie ich ins Haus komme, ist alles so merkwürdig: Alle sitzen sie mit gesenkten Köpfen da, meine Mutter, meine Große, mein Bruder und meine Schwägerin. »Was ist denn los?« frage ich. Keine Antwort. »Warum ist der Tisch denn nicht gedeckt?« Keine Antwort. »Ja hat denn heute überhaupt niemand gekocht?« Keine Antwort. »Ja was, um Gottes willen, ist denn in euch gefahren?«

Da hör ich aus dem anderen Zimmer ganz leise Zandies Stimme: »Mami, ich bin blind.« »Mach keine Witze, mein Kleines«, sag ich, »mit so was scherzt man nicht. Deine Augen tun dir nur noch von gestern weh, das wird schon werden.« »Nein«, sagt da meine Mutter ernst, »das stimmt schon: Zandie sieht überhaupt nichts mehr. Zandie ist blind.« Sie hatte es zuerst auch nicht glauben wollen und hatte Zandie befohlen, ihr den Tee zu bringen, aber Zandie hatte sich an der Herdplatte verbrannt, weil sie die ja nicht mehr sehen konnte.

Da ist auch mir auf einmal die Wahrheit tief ins Herz gefallen, und das hat so schrecklich weh getan, daß ich laut geheult habe vor Schmerz: Zandie sieht nichts, sie ist blind. Mein Kind, mein kleiner Liebling, mein Augenstern ist blind!!! Und wenn in dem Moment ein Weißer, irgendein Weißer, glauben Sie mir das! – und ich habe viele weiße Freunde –, vorbeigekommen wäre, den hätte ich mit diesen zehn Fingern umgebracht. Verstehen Sie das nicht?

Drei Monate lang war Zandie vollkommen blind. Aber auch danach konnte sie noch nicht in die Schule gehen, so wenig sieht sie noch immer, auch mit ihrer dicken neuen Brille und den Tropfen, die ihr der Doktor verschrieben hat. Da hat sie allerdings nicht viel versäumt – voriges Jahr nicht und dieses Jahr auch nicht, bei all den ständigen Schülerstreiks und was sonst so in den Schulen los ist. Jetzt kann ich nur hoffen, daß sie überhaupt noch das eine oder andere Jahr zur Schule gehen kann, denn Zandie ist wirklich nicht dumm. Vor allem rechnen kann sie gut. Aber einen Beruf wie ihre Schwester lernt sie jetzt bestimmt nicht mehr. Sie wird wohl Putzfrau werden in einer Fabrik. Die braucht man immer. Was sonst kann sie mit diesen schlechten Augen tun?

Leserbrief

Ich war entsetzt, unlängst in Ihrer Zeitung von der schrecklichen Lage zu lesen, in der sich einige Tiere in den townships befinden. Die Büros der Liga gegen die Grausamkeit mit Tieren waren angezündet worden, und mehrere Tiere waren von diesem mörderischen Mob, der zur Zeit diese townships beherrscht, mit Absicht lebendig verbrannt worden.

So viel wird über Hilfe für die sogenannten unterdrückten Massen berichtet. Warum sollten wir unsere Aufmerksamkeit da nicht auf das Schicksal all dieser armen, stummen Kreaturen richten, die sich ihrerseits ohne eigenes Verschulden in den gräßlichsten Umständen befinden? Statt Millionen an diese Menschen zu verschleudern, die jegliche Lebensqualität für alle Lebewesen zerstören, konzentrieren wir unsere Anstrengungen jetzt lieber auf die Förderung eines Fonds zur Rettung der zahllosen streunenden und von Hunger geschwächten Tiere, die unter den Händen dieser Verbrecher leiden müssen.

Wir sollten uns alle dafür einsetzen, einige der Millionen Rand an Hilfsgeldern, die sonst dafür verwendet würden, all das wiederherzustellen, was diese Leute, ja sie selbst, mutwillig zerstört haben, abzuzweigen, und wir sollten eine lautstarke Kampagne ins Leben rufen, um die Grausamkeit gegen Tiere in den townships endlich zu beenden.

Mrs. C. A. Bowers Benmore, Johannesburg
»The Citizen« am 6. Juni 1986

Die Mutter Sowetos

Auf der Bühne des bis auf den letzten Platz gefüllten mittelgroßen Saales des privaten Markt-Theaters in Johannesburg befindet sich ein Tisch. Ein großer Tisch und dahinter ein Stuhl. Unweit des Tisches steht eine kleine alte Frau. Unter der Jacke ihres eleganten Seidenkostüms trägt sie ein jugendlich-buntes T-Shirt, das mit provokanten politischen Parolen bedruckt ist. Kopfschüttelnd betrachtet die Frau den Tisch, dann seufzt sie vernehmlich, läßt resigniert ihre Arme fallen und nähert sich auffallend zögernden Schrittes dem Stuhl. »Was ist denn los?« ruft eine Stimme aus dem Publikum. »Der Tisch, es ist nur der Tisch«, seufzt die Frau verzweifelt, »er behindert mich allzusehr.« Eilfertig springen ein paar junge Leute auf die Bühne und rücken den großen Tisch an die Wand.

So beginnt nicht etwa ein neues absurdes Theaterstück, sondern ein Vortrag der schwarzen Sozialarbeiterin, früher Lehrerin, Ellen Kuzwayo, die man in ihrer Heimat Südafrika die Mutter Sowetos nennt. Diese große alte Dame des schwarzen Widerstands spricht heute über ihr bisher einziges Buch – ihren Lebensbericht »Call me Woman« (deutscher Titel: »Mein Leben«), das soeben von der größten Buchladenkette Südafrikas zum Ereignis des Jahres gekürt worden ist. Zum ersten Mal in der 25jährigen Geschichte des CNA-Preises hat diesen somit kein weißer Südafrikaner gewonnen, sondern eine schwarze Frau. Zeichen der Zeit.

Ellen Kuzwayo setzt sich auf den jetzt frei stehenden Stuhl. Ihre langen, zarten Hände legt sie in den Schoß, und neugierig blickt sie in den Saal. Fast zaghaft fängt sie schließlich zu sprechen an. Wie soll sie nur diesem Publikum, diesen überwiegend weißen Intellektuellen einsichtig und verständlich machen, um was es bei ihrer Arbeit geht? Sind diese beiden Welten, in denen die Menschen hier leben, nicht unüberbrückbar getrennt? Können diese Weißen denn überhaupt begreifen, was das heißt, täglich mit Menschen umzugehen, die von dir die sofortige Erlösung verlangen, denen du aber bestenfalls den Mut geben kannst, ihr Leben selber in die Hand zu nehmen, ihr Leiden selber zu überwinden?

Sie selbst war erschrocken, erzählt sie noch stockend, als sie das Elend auf dem Lande zum ersten Mal sah. Das war 1964 gewesen – im hohen Norden der Republik. Als Generalsekretärin der Transvaaler Sektion des »Christlichen Vereins junger Frauen« (YWCA) hatte sie dort ein ländliches Gebiet im sogenannten Zoutpansberg zu betreuen. Bis dahin hatte sie vor allem mit städtischen Schwarzen zu tun gehabt, das heißt mit Familieneinheiten im herkömmlichen Sinne: Vater, Mutter und Nachkommenschaft. Nun stand sie auf einmal total zerstörten sozialen Strukturen gegenüber, auf die keine ihrer Erfahrungen anwendbar war.

»Bald sah ich, daß mehr als drei Viertel aller Familien hier sich ohne jeden Mann durchschlagen mußten. Ehemänner, Väter, Söhne und Brüder waren oft schon seit Jahren fort zur Arbeit in den Industriegebieten. Diese Entdeckung war für mich ein Schock.« Ihr faltiges kaffeebraunes Indianergesicht verzerrt sich bei der Erinnerung noch einmal zu einer entsetzten Grimasse.

»Wenn man diese hungernden Kinder mit ihren geschwollenen Füßen und Bäuchen, diese völlig apathischen Mütter sieht, die einen ganzen Tag lang ohne Nahrung viele Kilometer weit gegangen sind, getrieben von der Hoffnung auf ein paar Löffel Maisbrei oder Spinat, da kann man keine Kurse mehr halten über Hygiene und Ernährungswissenschaft – da muß man erst einmal etwas zu essen beschaffen, gleichgültig, was das ist. Alles, was wir finden konnten, haben wir in einen Topf geworfen, Knochen und Sehnen und Fett. Und erst nach dieser gemeinsamen Mahlzeit habe ich mir dann über die Probleme der Menschen berichten lassen, für die ich jetzt zuständig war: Anhaltende Dürre hatte ihre Ernte zerstört, die die geringen Geldmengen hätte ergänzen sollen, die ihre Männer meist nur unregelmäßig nach Hause schickten. Viele der Frauen hatten schon eine Ewigkeit überhaupt kein Geld mehr zu sehen bekommen, weil ihre ›Ernährer‹ sie vergessen und sich in den Städten neue Familien zugelegt hatten. Diese spezielle Dorfgemeinschaft hier war noch dazu erst vor kurzem umgesiedelt worden, so daß noch keinerlei Transportsysteme funktionierten und die Nachbarn einander noch nicht kannten, geschweige denn einander vertrauten...«

Ellen Kuzwayo ist in Fahrt gekommen. Jetzt springt sie auf von ihrem Sitz. Buchstäblich mit Händen und Füßen redet sie, mit den weiten Gesten ihrer schmalen, langen Finger jedes ihrer Worte untermalend, so daß selbst ein Taubstummer jetzt mühelos deren Sinn verstünde. »Ja, das war das erste Mal, daß ich die schrecklichen Folgen des Kontraktarbeiter-Systems wirklich sah.« Etwas ruhiger erzählt sie dann, wie früher die Schwarzen völlig anders lebten. Sie waren die Besitzer von Grund und Boden; sie rodeten das Land zu landwirtschaftlichem Nutzen. Die meisten von ihnen seien Viehzüchter gewesen, und eine jede Dorfgemeinschaft habe ihre intakten kulturellen und moralischen Normen besessen sowie eine klare wirtschaftliche Struktur. Nur wenige Menschen hätten es früher nötig gehabt, Haus und Hof zu verlassen und auf Arbeitssuche zu gehen. Doch schon die allerersten Kolonisatoren hätten – um das Leben der Schwarzen zu kontrollieren, sie von den fruchtbaren Landstrichen vertreiben und als Arbeiter in die neuen Industriezentren holen zu können – immer unmenschlichere Gesetze geschaffen. Zum Schaden der gesamten schwarzen Bevölkerung.

Zum Beispiel die Bodenverordnung aus dem Jahre 1913, dann spätere Beschränkungen für das Schlachten von Vieh, schließlich die Einführung von Kopfsteuern, die die Männer zwangen, Bargeld aufzutreiben, also ihre Haut zum Arbeitsmarkt zu tragen, wodurch im Laufe der Jahre immer mehr Farmen und Familien zerstört worden sind. Bald darauf versperrten sogenannte Job-Reservierungen den Schwarzen jeden Zugang zu den bevorzugten Arbeitsplätzen, wodurch die weißen Arbeiter vor jeder schwarzen Konkurrenz geschützt werden sollten. Schließlich kamen die Zuzugsregelungen dazu, die die Männer zwangen, jeweils neun Monate des Jahres ohne ihre Familien wie Junggesellen in Massenquartieren jeweils in der Nähe der Arbeitsstellen zu hausen, bis sie entlassen und ohne Urlaubsgeld nach Hause geschickt wurden, um sich erneut von dort aus um Arbeit zu bewerben, solange sie gesund genug waren.

»Nach Hause! Welch ein Hohn! In diese Homelands, die in Wahrheit nichts anderes sind als Reservoirs für billige Arbeitskräfte für das reiche weiße Südafrika. Willkürlich werden die Menschen in diese völlig unentwickelten Gebiete geworfen, in denen es keinerlei Arbeit gibt, keinerlei Gesundheitsdienst, keinerlei Schulen. Und was vielleicht das Schlimmste von allem ist – die Menschen, die von der südafrikanischen Regierung in diesen Reservaten als Herrscher eingesetzt werden, haben keinerlei Ausbildung, um diese sogenannten unabhängigen Staaten überhaupt verwalten zu können.«

Vor diesem Hintergrund müsse man das Leben von Abertausenden Ehefrauen und Müttern sehen, die völlig auf sich gestellt seien und unter unmöglichen Bedingungen für sich und das Überleben ihrer Kinder kämpfen müßten.

Gebot Nummer eins sei es, diesen Frauen begreiflich zu machen, daß sie mit ihren Problemen nicht allein auf der Welt sind, sondern daß sie einander helfen können, ja müssen. Zunächst einmal müsse man ihnen beweisen, daß sie überhaupt auf eigenen Füßen stehen können. Daß sie Nützliches zu tun imstande sind, wie Brunnen zu bohren, Land zu bewässern, Gärten anzulegen, vielleicht auch zu weben, zu töpfern, zu häkeln, zu stricken. Und daß sie dann auch andere dazu anregen und anleiten können.

»Schule, was ist eigentlich Schule? Ist das vielleicht nur ein Platz, an dem man Buchstaben und Zahlen zusammensetzt? Kann man denn dort nichts Gescheiteres lernen? Kann man dort nicht den Menschen zeigen, wie man die Fliegen loswird, die die Kinder krank machen? Wie man Löcher gräbt und Latrinen baut? Kann man denn nicht den künftigen Müttern beibringen, daß man Exkremente grundsätzlich einbuddeln und sich die Hände waschen muß?«

Wild gestikulierend läuft Frau Kuzwayo auf der Bühne hin und her. »Wenn doch nur die Frauen begreifen würden, daß sie alles vermögen, was sie sich zutrauen. Daß alles leichter geht, wenn sie zusammenhalten. Auf Männer ist ohnehin kein Verlaß!« Ellens persönliche Erfahrungen mit dem angeblich stärkeren Geschlecht waren, wie ihre Memoiren beweisen, allerdings recht entmutigend. »Schwarze Frauen, die den Schwung dazu hatten, haben sich noch immer durchgesetzt. Man hat uns nur von allen Seiten immer wieder eingeredet, daß wir minderwertig und nutzlos seien, und deshalb trauen wir uns überhaupt nichts zu. 1947 die erste schwarze Ärztin, zwanzig Jahre später die erste schwarze Rechtsanwältin – das hätte ohne weiteres im vorigen Jahrhundert sein können, nicht wahr? Daß wir so weit zurück sind, ist eine Tragödie!«

Dieses mangelnde Selbstwertgefühl der schwarzen Frauen, das war – behauptet sie jedenfalls – nicht immer so. In ihrem Buch beschreibt sie ein Erlebnis der frühesten Jugend, das zeitlebens auf sie nachgewirkt hat. Mit ihren Großeltern, die noch wohlhabende Bauern gewesen waren, fuhr sie eines Tages mit dem Pferdewagen von Thaba'Nchu (das heute Teil des zersplitterten »unabhängigen« Homelands Bophuthatswana ist) in die burische Provinzmetropole Bloemfontein. Als der Wagen in der Stadt anhielt, trat eine weiße Dame im Alter der Großmutter an die Kutsche heran und sprach die schwarze Bäuerin auf Afrikaans hochmütig an: »Ek soek 'n meid wat in my kombuis kan werk« (Ich suche eine Küchenmagd). »Meine Großmutter gönnte ihr nur einen Blick und antwortete wie aus der Pistole geschossen: ›Auch ich suche nach einer derartigen Person – vielleicht können Sie da behilflich sein?‹ Die weiße Dame wandte sich wortlos um und ging davon.«

Tatsächlich erklärt diese hübsche Anekdote mehr als jede Aufzählung ihrer erstklassigen Klosterschulen, ihrer späteren Posten, Ämter und Reisen Ellen Kuzwayos selbstsichere, humorvolle, aristokratisch distanzierte Art. »Ich weiß, wozu meine schwarzen Schwestern fähig sind, wenn man ihnen nur glaubwürdig sagt, daß sie vollwertige Menschen sind. Ich kenne sie. Aber in diesem Land darf jeder sie ungestraft dumm, faul, unzuverlässig, verlogen oder schmutzig nennen, nur weil sie erstens Frauen sind und zweitens wegen der unglückseligen Farbe ihrer, unserer Haut. Ja, kraft Gesetz sind wir ewig minderjährig. Wie Vieh gehören wir dem Vater, dem Mann, dem Schwager, Sohn oder Bruder. Sind wir nicht recht eigentümliche Minderjährige, die ohne männliche Hilfe und unter den schwierigsten Bedingungen mit dem Leben fertig werden?« Ellen hat ihre langen Arme in die Höhe gerissen. »Das sind keine Unmündigen!« ruft sie in den Saal, »das sind Helden!«

Ein Mann verläßt hochroten Gesichts unter Protest den Zuschauerraum, in dem die Stimmung lebhaft geworden ist.

Ellen Kuzwayo hat ihren Einpersonenauftritt, ihren brillanten Einakter zu Ende gespielt. Sie hat das geleistet, was das klassische Theater bewirken sollte: zu erschüttern und zu belehren. Jetzt sind Fragen an die Referentin erlaubt. Fast ausnahmslos lassen diese sich auf die Formel bringen: »Wie soll das weitergehen in Südafrika?«

»Wir haben die Chance verspielt, zusammenzukommen, Männer und Frauen, schwarz und weiß. Die Chance zu einem großartigen, glücklichen Staat, in dem es keine Rassentrennung gibt. Durch unsere unmenschlichen Gesetze sind wir nach und nach alle selber unmenschlich geworden. Eine hohe Mauer steht zwischen uns...« »Nein!« schreit da eine üppige Blondine im Zuschauerraum erregt. »Nein! Sagen Sie das nicht! Diese Chance ist noch nicht verpaßt!« »Doch. Jetzt bleibt nur noch die Revolution. Aber«, lenkt die über Siebzigjährige traurig lächelnd ein, »vielleicht könnte noch immer eine unblutige Revolution daraus werden, wenn wir Frauen und Mütter uns endlich zusammentun.«

Südafrika bin ich

Zehn Minuten vor der verabredeten Zeit schon stehen wir alle beide vor der Tür. Sie erkennt mich sofort, ich zaudere noch, denn gestern abend auf der Bühne als Stepptänzerin in einem reichlich albernen Stück sah sie so völlig anders aus. Aber natürlich ist sie das, diese winzige, drahtige Gestalt, die lebhaften Augen, der große, blutrot geschminkte Mund. Schon hüpft sie lächelnd auf mich zu, wie eine Bachstelze auf ihren dünnen hohen Absätzen wippend.

»Hallo!« ruft sie fröhlich, »da bist du ja schon. Gleich komm ich, ich muß nur noch Jerry begrüßen, meinen allerbesten Freund.« Und schon ist sie wieder weg.

Sie hat eben schnell noch zehn Freunde umarmt, bevor wir schließlich an einem runden Tischchen sitzen, im Foyer des Market-Theaters von Johannesburg.

»Nomsa, wann hast du eigentlich mit dem Schauspielen angefangen? In Soweto gibt es keine Theater – das kann also gar nicht ganz leicht gewesen sein?«

Sie strahlt übers ganze Gesicht. »Bei meiner Geburt. Nein, das ist natürlich übertrieben; eigentlich erst, als ich neun Monate alt war. Da habe ich aufstehn und laufen gelernt. Und das wollte ich immer nur tun, wenn irgend jemand zugesehen hat – erzählt meine Mutter jedenfalls –, am liebsten stand ich auf dem Sofa oder auf dem Tisch. Dann in der Schule: wenn es irgend etwas aufzusagen oder vorzusingen gab, dann habe immer ich das getan. Aber warte doch bitte einen Moment, da hinten steht Tom, den muß ich begrüßen; das ist mein allerbester Freund.« Und schon ist sie weg.

Ein Theaterfoyer am Vormittag ist ungefähr so gemütlich wie ein zugiger Bahnhofswartesaal. Es riecht auch so ähnlich, nach kaltem Rauch. Komm schon, Nomsa, das wird sonst nichts. Aber da sitzt sie ja schon wieder auf ihrem Stuhl.

Von ihrer Kindheit in Orlando East erzählt sie so rosig, als wäre das ein Idealfall gewesen und Soweto die allerschönste Stadt der Welt. In Wahrheit ließ der Vater die Mutter mit drei kleinen Kindern sitzen, als Nomsa, die Älteste, gerade sechs geworden war. Mit sieben trat sie zum ersten Mal – in einem Werbefilm für Eier – auf. »Ich war das gesunde Kind, das täglich frische Landeier ißt, dabei hatte ich vielleicht dreimal in meinem Leben ein Ei gesehen«, kichert sie vergnügt. »Wortscheu oder verlegen war ich aber wirklich nie. Das hat mir natürlich auch in der Schule geholfen.« 1974 machte sie, achtzehnjährig, ihr Abitur. Bald danach sang sie einem Musical-Produzenten vor und wurde in dessen Company Chormitglied. Auch einem Jugendclub schloß sie sich an, nahm Tanzstudien und spielte Laientheater.

So traf sie ihren künftigen Ehemann, Peter Se-Puma aus Vendaland, der schon ein erfahrener Schauspieler war. Der Durchbruch kam, wie es im Bilderbuch steht: Peters Partnerin in einem populären Stück wurde überraschend krank, und Nomsa sprang, von Peter ermuntert, ohne weitere Proben ein. »... und jeder liebte mich sofort!« Schon macht sie wieder ihr herziges Kindchen-Gesicht, den Mund weit aufgerissen, die Zunge herausgestreckt, die Augen zu Schlitzen verengt, das Näschen kraus.

Es folgten kleinere Partien in englischen und amerikanischen Modestücken und schließlich ihre erste größere Rolle in einem Drama des in Südafrika überaus beliebten Satirikers Pieter Dirk Uys. Auf afrikaans. »Auf afrikaans? Ja, wo hast du denn das gelernt?« »In der Schule.« »Deine Umgangssprache ist Zulu, und du spielst Theater in zwei vollkommen anderen europäischen Sprachen, ist das nicht einmalig?« Das Wort »einmalig« gefällt ihr sehr. Ja, das ist eindeutig ihr allerliebstes Lieblingswort: sie strahlt. »Das war ein Bombenerfolg... aber Moment mal, bitte, da drüben steht Joe; das ist mein allerbester Freund.« »Natürlich, Nomsa.«

Von den Soweto-Unruhen 1976 wurde ihr Leben kaum berührt. Hauptsache, die Verkehrsverbindung klappt. Aus einer unerfreulichen Wirklichkeit schlüpft sie bereitwillig, wie in eine neue Haut, in ihre jeweilige Rolle hinein. Und dann gibt es nur noch eines für sie: Erfolg. Ein Jahr lang spielt sie »Die Wanderjahre der Poppie Nongena«, diese von Elsa Joubert aufgeschriebene Lebensgeschichte einer von den Gesetzen des Landes herumgescheuchten, wehrlosen schwarzen Frau. Nomsa überzeugte vom Anfang bis zum Schluß: in ih-

Nomsa Nene inszeniert »Hamba Dompas«, ein revolutionäres Stück und »ein vollkommen neues Theatergefühl« (Foto: The Star)

rer lebhaften, lustigen Art als Kind, aber auch als von Alter, Krankheit und Sorgen gebeugte uralte Frau, mit dem schiefen Hohlkreuz und den krummen Beinen einer erschöpften Lastenträgerin. Was sage ich Nomsa? Sie war Poppie und Poppie war sie.

Sie erzählt nur zu gern von dieser, ihrer bisherigen Lieblingsrolle, die ihr innerhalb eines einzigen Jahres gleich zwei Auszeichnungen eingebracht hat: sowohl den großen Preis als beste afrikaanssprachige als auch den als beste englischsprachige Schauspielerin des Jahres in Südafrika. Das war nun tatsächlich einmalig; und seither ist Nomsa Nene berühmt.

Bis dahin hatte sie von ihren gelegentlichen Gagen unmöglich leben können. So arbeitete sie gerade in einem besseren Kleidergeschäft im Stadtzentrum von Johannesburg, als die Titelrolle der Poppie ausgeschrieben wurde. In der Mittagspause raste sie ins Theater zum Vorsprechen, so schnell sie nur konnte auf ihren hohen Absätzen. »Ich bin ganz sicher, daß mich jeder für verrückt gehalten hat, der mich da so durch die Stadt trippeln sah. In dem Geschäft waren die zuerst gar nicht nett mit mir, und die weißen Kolleginnen wollten, daß ich eine andere Toilette benutze als sie. Tief unten im Keller. Aber da habe ich so ein Theater gemacht, wie ich mich im Keller fürchte vor dem bösen schwarzen Mann, daß sie nachgegeben haben. Da kannst du sehen, wie brauchbar so ein Talent im täglichen Leben sein kann.« Als ob wir das noch nicht gemerkt hätten!

Nach dem großen Erfolg mit Poppie hagelte es Angebote. Zuerst spielte sie aber noch einmal diese Rolle in Amerika. »Oh, ich war ja so aufgeregt...« Drei Wochen lief das Stück allabendlich im Cubiculo-Theater off-Broadway, doch dann gab es Krach mit den Gewerkschaften und Probleme mit der Arbeitsbewilligung.

»Ich sag dir was: Apartheid gibt es in der ganzen Welt. Das war ein bitterkalter Winter in New York. Aber nachts hielt kein Taxi an für Leute wie uns. Denen ist all dein Geld egal, wenn die sehen, daß du schwarz bist. Und wenn du krank wirst, kannst du nicht einfach für zwei Dollar ins Krankenhaus gehen. Das kostet dort ein Schweinegeld. Ich sag dir was: Südafrika ist gar nicht so schlecht. Man darf nur nicht rumsitzen und über seine Hautfarbe jammern. In Zulu haben wir ein Sprichwort dafür: Hilf dir selbst, dann hilft dir Gott. In Südafrika sind meine Freunde. In Südafrika bin ich zu Haus. Ja, Südafrika – das bin ich!«

Der letzte Satz gefällt ihr so gut, daß sie ihn träumerisch wiederholt. Den wird sie wohl jetzt in ihr Repertoire aufnehmen: »South Africa – that's me!«

Inzwischen hat sie bei einer Verfilmung von Nadine Gordimers Kurzgeschichte »Country Lovers« mitgewirkt und in der deutschen Fernsehserie »Morenga« das Nama-Mädchen Katharina gespielt. Und sie hat sogar selbst Regie geführt. Zuletzt in einem politischen Einakter ihres Mannes, mit ihm als Hauptdarsteller. »Das war eine fabelhafte Bereicherung für mich – ein vollkommen neues Theatergefühl.«

»Und daß dein Mann tun mußte, was du sagst – war das nicht auch ganz neu?« Sie lacht schallend. »Ja, ja, als Regisseur muß man schon wissen, was man will, und sich auch durchsetzen können. Da gibt es keine Extrawurst, auch nicht für den eigenen Mann. Aber Peter ist kein Zulu, mit ihm kann man arbeiten – einen Zulu hätte ich nie im Leben heiraten können. Aber ich muß schon sagen, ich bin in vieler Hinsicht für andere Frauen ein Schrittmacher gewesen. Wir müssen uns nur doppelt anstrengen und doppelt so stark sein, dann können wir auch doppelt so gut sein wie unsere Männer... aber eine Sekunde bitte, da kommt gerade Themba.« »Und Themba ist dein allerbester Freund.« »Woher weißt du? Ach...«, und heiter hüpft sie davon.

»Aber wir haben ja noch gar nicht über Politik gesprochen«, ruft sie mir drei Minuten später an den Tisch zurückkehrend zu. »Das kann und darf doch nicht so weitergehen, daß unsere Kinder in den townships sterben oder an die Front geschickt werden. Wir Mütter müssen endlich etwas dagegen tun!« »Aber du hast doch gar keine Kinder, Nomsa!« »Ach, wir Frauen haben alle ein Herz für Kinder, auch wenn wir keine eigenen Söhne und Töchter haben.« Mutter Courage. »Also gut, lassen wir das, aber mein Manager besteht darauf, daß ich solche Dinge sage, weil das zur Zeit das moralisch Richtige ist. Aber du hast schon recht: zu mir paßt dieser Spruch nun wirklich nicht. Wir werden uns was anderes ausdenken müssen. Übrigens, was kriege ich dafür?« »Wofür?« »Für dieses Interview.«

Freiheit jetzt – Familie später

Eine Aktivistin nennt man mich, ja so? Nun gut, warum nicht. Es bleibt mir ja kaum was anderes übrig, als aktiv zu sein. Ich bin die älteste Tochter in einer achtköpfigen Familie, das heißt, ich habe zwei Brüder und drei Schwestern, und die sind alle fünf wesentlich jünger als ich. Meine Mutter ist tot. Deshalb ist es jetzt meine Sache, die Kleinen aufzuziehen und natürlich auch für meinen Vater zu sorgen und das Haus in Ordnung zu halten. Neben meiner Arbeit im Büro.

Das Haus hat nur drei Räume, so daß wir vier Schwestern in einem Zimmer schlafen; drei mal vier Meter – das ist ganz schön eng. Aber ein echtes Familienleben haben wir nicht. Wenn ich abends erschöpft nach Hause komme, sind die Brüder auf irgendeiner ihrer Versammlungen, und das dauert dann oft die ganze Nacht. Ein paarmal habe ich versucht, sie morgens zu wecken und zu fragen, wo sie waren und was sie dort tun; aber da haben sie mich nur angebrüllt, daß ich sie schlafen lassen soll, weil sie es sind, die das Volk befreien, und nicht ich. Aber ich bin doch für sie verantwortlich! Die Schwestern streiten die meiste Zeit und meckern an allem herum. Und der Herr Vater fällt völlig aus – der stumpft nur so vor sich hin.

Das ist nicht mein freier Wille, daß ich mir das antue, das ist wohl klar. Traditionsgemäß ist das einfach meine Pflicht. Ich möchte raus aus dieser Familie, aber ich kann und darf es nicht. Nicht einmal abends ausgehen läßt der Vater mich; sobald es dunkel wird, soll ich zu Hause sein. In meinem Alter! Ja, ich sehe jünger aus, als ich bin, ich weiß, aber nächste Woche werde ich dreißig Jahre alt. Dreißig Jahre und noch immer unmündig – nur wegen meiner schwarzen Haut.

Dreißig Jahre, und mein Vater kann mir verbieten, abends an einer Sitzung mit Kollegen teilzunehmen! Nicht wahr, das ist wirklich verrückt? Ja ehrlich, das ganze System ist verrückt. Vielleicht wäre es besser, wenn ich gar nicht arbeiten ginge, aber dann fehlt uns halt allen das Geld. Ich verdiene nämlich jetzt schon mehr als mein Vater, und auch das verträgt der Alte schlecht. Er will, daß wir alle zu ihm aufschauen sollen und ihn restlos bewundern und sonst nichts; weil er das allmächtige Familienoberhaupt ist, das uns alle geschaffen hat und uns alle erhält. Wie der liebe Gott. Deshalb gehören wir ihm auch. Wenn ich am Monatsende mein Gehalt nach Hause bringe, muß ich sofort alles abgeben und bekomme nur ein Taschengeld. Wenn aber er freitags seinen Wochenlohn bekommt, dann geht er auf dem schnellsten Weg in die Shebeen und kommt erst am nächsten Morgen besoffen nach Haus. Dann ist er noch gemeiner als sonst und führt sich ganz unmöglich auf. Samstag nachmittag geht er zum Fußball und abends wieder in die Shebeen, und am Sonntag schläft er sich aus. Dann ist endlich Ruhe im Haus. Ernsthaft miteinander geredet haben wir schon lange nicht mehr, obwohl es da eine ganze Menge zu bereden gäbe; nein wirklich, kein vernünftiges Wort. Sobald ich ein Thema anschneide, das ihm unangenehm ist, fängt er sofort zu brüllen an.

Natürlich habe ich einen Freund – einen sehr netten Freund sogar. Und natürlich hätte ich gerne ein Kind von dem. Manchmal denke ich mir: Wenn wir heiraten, dann gehöre ich nicht mehr meinem Vater, sondern ihm. Aber was ändert das schon groß? Dann hat halt er das Recht, mir das Geld abzunehmen und mich zu verprügeln, wann immer ihm das paßt. Warum soll ich mir das antun, noch zu meinem jetzigen Ärger dazu? Die alte Familie werde ich ja doch nicht los.

Mein Freund wohnt nämlich jetzt in einem Männerheim, und andere Unterkünfte gibt es nicht. Wenn wir also heiraten, dann wird einfach bei uns ein Zimmer angebaut – dafür ist im Garten noch Platz –, und ich hab für noch mehr Menschen zu sorgen als jetzt. Das Risiko ist einfach zu groß. Je mehr ich daran denke, desto unerträglicher finde ich die Idee, noch einem Mann, nur weil er ein Mann ist, so völlig unterworfen zu sein. Doch, doch, ich liebe meinen Freund – das schon. Ja, wir verstehen uns wirklich gut. Aber sicher hat auch meine Mutter meinen Vater irgendwann geliebt. Und wenn ich schon so viel arbeiten muß, daß mir fast die Hände abfallen, dann will ich auch mal Ruhe haben; so ein bißchen Zeit für mich.

Und was soll schon aus einem Kind werden, das in unserem

Haus aufwächst? Woher soll ich denn die Liebe nehmen, die es braucht, wenn ich sie selbst nicht bekommen habe? Wem soll das Kind denn nacheifern, bei diesen Vorbildern? Wie bös die alle miteinander sind, wie neidisch und gereizt. Wir hocken zu dicht aufeinander, glaube ich. Aber den Nachbarn geht es auch nicht besser, die sind genauso aggressiv. Je schlimmer die Zeiten werden, desto schlimmer wird das: Egoismus und Aggression. So was nennt sich dann Stadtmenschen, nennt sich Zivilisation. Zivilisation ist, wenn man seinen Nachbarn nicht mal mehr um eine Tasse Mehl bitten kann, weil sich das nicht gehört. Jeder kämpft für sich und alle gegen alle. Jeder hat Angst und mißtraut dem anderen, und so wird da schließlich jeder für jeden zum Feind. Wenn das unsere Zukunft sein soll, dann pfeif ich darauf.

Die Tigerkatze

Die Polizisten haben mich Tigerin genannt, und ich muß schon sagen: darauf bin ich stolz. Denen habe ich noch allemal meine Pranken und Zähne gezeigt.

Ich bin jetzt 28 Jahre alt, bin geschieden und habe zwei Kinder. Sieben der letzten neun Monate habe ich in Gefängnissen zugebracht. Fünf Monate saß ich in Einzelhaft aufgrund des Paragraphen 28 des Sicherheitsgesetzes, der unbegrenzte »Präventivhaft« ohne Gerichtsurteil erlaubt, wenn der Verdacht besteht, daß man dem Staat gefährlich werden könnte. Ich war im Oktober 1985 festgenommen worden, weil ich aktives Mitglied der Azanian Students' Organisation an der Universität des Nordens war – das ist die einzige Hochschule für Tswana und Sotho sprechende Studenten –, wo ich Sozialarbeit studierte. Das war der einzige Grund.

Im Februar 1986 brach ich zusammen. Ich wurde nach Johannesburg in das zentrale Krankenhaus für Schwarze in Hillbrow gebracht und hier gegen schwere Depressionen behandelt. Die Pillen, die der Arzt mir gab, haben mich völlig apathisch gemacht. Als ich im März entlassen wurde, weil ein Gericht in einem anderen Fall entschieden hatte, daß eine so lange Einzelhaft von der Polizei begründet werden muß, es aber gar keine Gründe gab, da war ich völlig fertig. Ich war sogar zu schwach, meine Entlassungspapiere zu unterschreiben.

Lange Zeit zur Erholung hatte ich nicht. Mitte April holten sie mich schon wieder, und zwar diesmal unter Anwendung von Paragraph 29, der unbegrenzte Haft zum Zwecke der Vernehmung vorsieht. Aber diesmal bekam mein Anwalt mich mit Hilfe von Freunden schon nach zwei Monaten wieder frei.

Das zweite war überhaupt weniger schlimm als das erste Mal. Bei der Präventivhaft wird man einfach in eine Zelle geworfen und dort mit sich selbst allein gelassen. Da war es dann entschieden besser, immer wieder verhört zu werden –

man kann dann wenigstens seinem Ärger Luft machen und den Polizeibeamten sagen, was man von ihnen hält. Aber wenn man in Einzelhaft sitzt, richtet sich die Wut schließlich gegen einen selbst. Man fühlt sich einfach immer schutz- und nutzloser. Man beginnt zu denken: Hätte ich doch wenigstens ein unauslöschliches Zeichen der Auflehnung gegen dieses System hinterlassen. Aber nichts dergleichen. Hier sitze ich – und wozu? Ich habe ja noch nicht einmal an den Fassaden gekratzt. Das ist es, glaube ich, dieses Gefühl völliger Sinnlosigkeit, was die Menschen schließlich zum Selbstmord treibt.

Aber mir ist es wirklich sehr viel besser als vielen anderen ergangen, weil ich nicht gefoltert wurde. Beim zweiten Mal, unter Paragraph 29, da wurde mir öfter mit Elektroschocks gedroht, und die Polizei hat mich immer wieder einzuschüchtern versucht. Die haben mich zum Beispiel gefragt, ob ich eigentlich wüßte, wie viele Menschen schon in der Haft gestorben oder spurlos verschwunden sind. Alles, was mir als Antwort dazu einfiel, war, daß ich tot für sie weit gefährlicher wäre als lebend.

Noch immer wache ich nachts auf und weiß nicht, wo ich bin. Dann schütteln mich stundenlange Weinkrämpfe und ich habe Angst; und am nächsten Morgen bin ich völlig erschöpft und nicht sehr arbeitsfähig. Vor allem aber habe ich meinen Kindern gegenüber so ein schrecklich schlechtes Gewissen. Richtig schuldig fühle ich mich. Die beiden sind jetzt elf und sechs Jahre alt. Sie leben bei meiner Mutter in Tzaneen – das ist vierhundert Kilometer von hier. Dort müssen sie jetzt auch weiterhin bleiben, bis ich endlich auf eigenen Füßen stehe. Im Gefängnis habe ich mir ja solche Sorgen um Mlunghisi und Nkunuleko gemacht: Ich konnte kein Geld für ihren Unterhalt verdienen, ich konnte mich nicht um sie kümmern, nicht für sie sorgen. Einfach nichts. Ich bin ja so ein Versager!

Bis zu einem gewissen Grad verstehen sie aber jetzt die Situation, vor allem natürlich Mlunghisi, der Ältere. Aber wovor ich sie nicht beschützen kann, das ist der Haß. Statt in Liebe – wie das für ihre Entwicklung sicher viel gesünder wäre –, wachsen sie jetzt in Haß auf. Schon jetzt sind sie ganz ausgefüllt von Haß auf diese Regierung, die ihnen ihre Mutter weggenommen hat und die alle ihre Gegner einfach grundlos einsperren kann.

Lydia

Daß Lydia bei Robert wohnt, ist natürlich illegal. Roberts Master oder auch Roberts Madam hat nämlich sicher eine Erklärung unterschrieben, daß er hier als Junggeselle allein lebt, obwohl er seit vielen Jahren Familienvater ist. Lydia ist zwar nicht seine Frau, aber das ist nicht das Problem. Es könnte vielmehr geschehen, daß Lydia schwanger wird, und dann wäre das kleine schwarze Kind am Ende gar hier legal – nicht auszudenken, das Problem für die Behörden. Reden wir also lieber nicht davon.

Besser bleibt vielleicht auch unerwähnt, daß Robert Ausländer ist, nämlich nicht in der Republik Südafrika, sondern im ehemaligen Homeland Venda, einem seit Jahren unabhängigen Nationalstaat, zu Hause ist, wo auch seine Familie wohnt. Und Lydia in Transkei. Aber beide sind hier schließlich ordnungsgemäß registriert, dürfen also jeweils elf Monate im Jahr hier bleiben; jedenfalls solange Madam und Master mit ihnen zufrieden sind und ihnen Arbeit und Unterkunft gewähren. Wenn es Ärger gibt, müssen sie in ihr Homeland zurück.

Lydia arbeitet allerdings gar nicht in diesem Haus – auch darüber sollten wir wohl besser schweigen, obwohl die Gesetze geändert worden sind. Aber wer kann schon sagen, er kenne sich in all den Paragraphen aus? Lydia jedenfalls ist Mädchen für alles in einem nahegelegenen Pflegeheim für Afrikaans sprechende Alte. Seit Jahren hat man ihr dort eine Schlafstelle versprochen, aber noch immer ist nichts frei. Mal kocht sie dort Tee, mal teilt sie das Essen aus, mal setzt sie die Bettlägerigen auf die Bettpfanne, mal füttert sie sie, mal wäscht sie die Fliesen mit stinkenden Desinfektionsmitteln – ganz wie Mevrou van Niekerk, die Chefin, es ihr befiehlt. Manchmal hält sie auch Nachtwache; und gelegentlich streichelt sie stundenlang die Hand eines Sterbenden, gleichbleibend geduldig, weil völlig geistesabwesend: Ihre Gedanken sind viele hundert Meilen weg.

Zu uns kommt Lydia an ihrem freien Tag. Sie weiß selten im voraus, wann dieser ist, doch am Vorabend schaut sie stets kurz bei uns herein, wirft einen Blick auf ihre Wäsche im Korb, steckt zwei, drei Tomaten, eine Zwiebel oder auch ein paar Äpfel in ihre Tasche und geht. Dann wissen wir: Morgen kommt Lydia zu uns.

Wir freuen uns schon auf Lydias Kommen, weil sie immer, immer fröhlich ist. Sie breitet alte Zeitungen auf dem Steinboden unserer Küche aus, stellt das Bügelbrett darauf, spritzt großzügig die trockenen Hemden und Tücher mit Wasser ein, rollt sie zu festen runden Ballen zusammen und beginnt singend ihr dampfendes Werk. Seit drei Monaten schon summt sie fast pausenlos »Stille Nacht« vor sich hin; mal schnell, mal langsam, mal rhythmisch skandiert, mal schleppend, fast jaulend. Man merkt schon, daß Lydia noch kein Radio hat.

Wenn man sich zu ihr gesellt, erzählt sie gern von ihrem Leben. Ihre Geschichten haben keinen Anfang, auch kein Ende, und da sie zwischen »er« und »sie« nicht unterscheiden kann, weiß man oft wirklich nicht, von wem sie spricht. Gewöhnlich geht es jedoch um den neuesten Brief ihrer Mutter, die mehr als siebenhundert Kilometer von hier Lydias drei noch minderjährige Kinder betreut. Albertina, die Älteste, lebt seit einiger Zeit in der Homeland-Hauptstadt Umtata, wo sie Buchhaltung und Maschineschreiben lernt.

Lydias Ansichten sind unbestechlich klar: »Weißt du, Mama, warum der Präsident von Transkei zurückgetreten ist?« fragt sie eines Tages und lächelt schlau. »Weil seine Taschen platzen. Das ist warum. Er hat uns alle-alle ausgeraubt. Jetzt hat er genug, jetzt kommt sein Vetter dran...« Lydia kichert erst, dann lacht sie laut. Dabei hält sie eine Hand vor den Mund, um ihre Zahnlücken zu verdecken. »Das ist die schwarze Regierung – die rauben dich aus. Dieser Mandela, ja, das ist auch so einer. Das ist ein Onkel von unserem Präsidenten. Der soll mal ruhig im Gefängnis sterben. Dann hört all das Geschrei und Töten in den Locations endlich auf. Weißt du, wie Mandela mit Vornamen heißt? Nelson? Ach was, Nelson, das ist doch nur sein Name für die Weißen, so wie meiner Lydia ist. Zu Hause heißt er Rolihlahla. Und weißt du, was das bedeutet? Unruhestifter, heißt das, so wahr

Über eine Million dienstbarer Geister betreuen viereinhalb Millionen Weiße in Südafrika (Foto: Dorothea Razumovsky)

ich hier stehe, Unruhestifter. Siehst du – sein Vater hat sofort gesehen, was das für einer ist. Und weißt du, was dieser Rolihlahla will? Der will, daß der schwarze Mann auch hier regiert. Hier in Johannesburg und in Pretoria. Weil hier noch mehr Geld zu holen ist als in Umtata.« Lydia seufzt: »Schwarze Regierung ist Blödsinn, Mama. Schwarze sind dumm, wenn sie schwarze Regierung wollen. Mevrou van Niekerk sagt das auch. Wer soll denn die Arbeit machen, wenn die Schwarzen regieren? Willst du vielleicht im Altersheim putzen oder deine Wäsche selber bügeln, he? Niemand will dann noch saubermachen. Und was ist dann? Alles wird dreckig, alles geht kaputt, wie in Transkei und Venda. Da, schau dir meine Finger an, Mama: Der da ist klein und der da ist groß. Die hat Gott so gemacht. Die können gar nicht gleich sein – das wäre ja gar keine richtige Hand. Gott hat die Finger lang und kurz gemacht und dick und dünn. Wozu soll das gut sein, wenn der kleine Finger plötzlich größer sein will als der da? So ein Unsinn, Mama, daß alle gleich sein sollen.«

Zwei Wochen später kommt sie auf dieses Thema zurück: »Weißt du, Mama«, sagt sie diesmal, »Goliath war Gottes Erstgeborener. Aber dann wollte Goliath wie Gott sein. Das ist es, warum Gott böse geworden ist. Das ist es, warum Gott Jesus gemacht hat. Mein Jesus ist weiß – Goliath, der war natürlich schwarz.«

Lydia denkt wirklich über alles nach. Auch darüber, was sein wird, wenn Mevrou van Niekerk eines Tages zu ihr sagen wird: »Lydia, ich kann dich nicht mehr brauchen, du bist zu alt. Marsch, geh nach Hause, in dein Homeland zurück!« Für diese Zeit hat Lydia vorgesorgt. Sie hat sich eine gebrauchte Nähmaschine – so eine zum Trampeln, denn in ihrer Gegend gibt es keinen Strom – auf Raten gekauft. Zweiundzwanzig Raten hat sie schon bezahlt, bald ist es geschafft. Mit der Maschine will sie später in ihrem Dorf Kleider und Wäsche flikken und verändern; was immer die Kundin wünscht. Männer gibt es dort im Dorf fast keine, die sind alle zur Arbeit fort. Abends häkelt sie bunte Deckchen, die sie erst später verkaufen will. Altersversichert ist Lydia nicht.

Bisweilen tut ihr der Rücken weh, was bei dem Hohlkreuz ja wirklich kein Wunder ist. Dann streift sie die ausgelatschten Schuhe ab, die Mevrou van Niekerk ihr kürzlich abgetreten hat, und steht barfuß auf dem Zeitungspapier. Kurz drückt sie ihre zur Faust geballte Linke kräftig ins Kreuz, beugt sich zurück, atmet einmal tief durch und fährt gleich mit der Arbeit fort. Sie muß ja schließlich fertig werden – so viel Freizeit hat sie auch wieder nicht. Der Doktor, sagt sie, habe gesagt, sie habe eine Senkung und müsse operiert werden. Aber dazu hat Lydia nun wirklich keine Zeit. Doch irgendwann bittet sie um Kaffee. Guten, starken Nescafé, ohne Milch, aber mit fünf Löffeln Zucker drin. Das gibt ihr Kraft und Schwung.

Heute überlegt sie sich, was sie Albertina schenken soll. Albertina schreibt selten, aber jetzt hat sie einen Brief geschickt, um ihrer Mutter mitzuteilen, daß sie demnächst heiraten wird. Einen Mann, den Lydia gar nicht kennt. Einen aus der Stadt. Woher sollte sie auch? Als Lydia letzten Juli zu Hause war, hatte sie keine Gelegenheit, nach Umtata zu fahren. Für den Bus hatte sie natürlich kein Geld. Ja, was schenkt man nur einer Tochter, die alles braucht, wenn man selber knapp zweihundert Mark im Monat verdient, wovon man die Hälfte nach Hause schicken muß? Lydia leiht sich schließlich ein paar Rand von uns, nachdem sie sich für einen Satz Aluminium-Kochtöpfe entschieden hat. Zur Hochzeit fahren kann sie natürlich nicht – ihr freier Monat ist erst wieder der Juli. Juli, Juli, jedes Jahr. Mit ihren Kindern Weihnachten gefeiert hat Lydia deshalb noch nie.

Und was heißt schon frei? Im Juli muß sie sowieso nach Transkei fahren, um die Stempel in ihren Papieren erneuern zu lassen. Da kann sie dort dann auch gleich nach dem Rechten sehen: das Dach reparieren, den Fußboden mit frischem Dung verschmieren, die Löcher und Fugen mit Maisstroh abdichten, damit es im kältesten Winterwind nicht zieht. Die Mutter, die auch ihren Kindern DIE MUTTER ist – zu Lydia sagen sie Lydia –, hat Rheuma und schafft das alles nicht mehr.

Lydia geht dann aber auch in die Schule und spricht mit den Lehrern ein Wort. Vor allem mit der Mistress des kleinen Themba, der ihr ein und alles ist. Er macht ihr Sorge, weil er nicht gut lernt – vielleicht ist er auch nur vom langen Schulweg zu müde, besonders kräftig ist er nicht. Für ein ganzes Jahr zahlt Lydia dann das Schulgeld ein, weil sie der Post so viel nicht anvertrauen will. Die schwarzen Schulpullover für alle drei Kinder hat sie erst letztes Jahr aus Johannesburg mitgebracht. Dieses Jahr ist eine graue Hose für Themba dran, die kauft sie im Sonderangebot. So kommt sie rum.

»Themba wächst jetzt schrecklich schnell«, erzählt Lydia nicht ohne Stolz. »Wenn er doch nur wie sein Vater würde; der war so richtig fett und schön. Nur so gewalttätig wird er hoffentlich nicht!« Themba soll Lehrer werden oder Polizist – etwas Ordentliches jedenfalls. Ganz bald schon wird Themba elf. Und nur noch fünf Monate sind es, bis Lydia nach Hause fährt. »Nur noch fünf Monate, Mama, ich bin ja so froh!« Lydia kichert und lacht und lacht, bis dicke Tränen auf die Wäsche tropfen.

Weihnachten

»Beinahe hätte ich vergessen, das Licht auszuschalten«, sagt Tandi und lacht. »Aber zum Glück ist es mir noch rechtzeitig eingefallen. Und Gott sei Dank hatte ich auch noch ein paar alte Kerzenstumpen im Haus. Mangelnde Solidarität kann ich mir einfach nicht leisten, wo mein Mann ein Po..., na, du weißt schon, ist. Seit einem halben Jahr kommt er nicht einmal mehr zum Schlafen nach Hause. Das ist auch besser so.«

Gerade noch rechtzeitig hatte Tandi an den Aufruf der »UDF« gedacht, am 16. Dezember abends um sieben alle elektrischen Lampen auszulöschen und, zum Zeichen der Teilnahme an der Kampagne »Weihnachten gegen den Ausnahmezustand«, zwei Stunden lang nur Kerzen anzuzünden. Fast schlagartig war es dunkel in Mapetla, ihrem Stadtteil von Soweto – die Comrades hatten sogar die Stromzufuhr zu den Hochmastlaternen unterbrochen, dann war es still.

Tandi war ganz allein in ihrem Haus, wenn man die Untermieter im angebauten Schuppen nicht mitzählen will. Sie war allein, und sie hatte Angst. Ja, sie fürchtete sich so sehr, daß sie auch nach neun Uhr das Licht nicht wieder anzumachen wagte, zumal ganz in der Nähe, in Richtung Phiri, wiederholt geschossen wurde.

Tandi ist viel allein in letzter Zeit, seit die Kleinen fort sind, seit ihr Mann nicht mehr heimkommt und vollends seit ihre beiden großen Kinder eingesperrt sind. »Inside«, sagt sie nur, und es ist klar, daß sie nicht das andere Zimmer meint. Sie weiß genau, daß sie mir keinerlei Einzelheiten erzählen darf. »Nichts sagen, nichts hören, nichts sehen, wie die Affen, das ist die einzige Möglichkeit, diese Weihnachtstage in Soweto zu überleben«, sagt sie, schon wieder lachend. Dieses ständige Lachen wirkt ungemein aggressiv. So gereizt kannten wir unsere Freundin Tandi bisher nicht.

»Erst war es still, doch kaum war es dunkel, da rannten Gruppen von Jugendlichen durch die Straßen, schlugen mit Stöcken gegen die Türen und schrien alle an, bei denen auch nur das Fernsehen eingeschaltet war. Unglaublich, wie alle diesen Halbwüchsigen gehorchen. Jeder gibt nach, denn jeder will seine Ruh.«

»Ehrlich gesagt«, fährt Tandi vorsichtig fort, »irgendwie spielt da auch unser schlechtes Gewissen mit. Daß wir zu feig waren und daß unsere Kinder das jetzt ausbaden müssen. Irgendwie imponieren sie mir schon, diese Kinder, die sich einfach nichts mehr gefallen lassen. Darum sitzen in den Straßenkomitees auch lauter Väter und Mütter drin – ganz anders, als das 1976 war. Aber ich hab den Schreck meines Lebens gekriegt, als sie damals, vor einem halben Jahr, plötzlich in meiner Stube standen. Vielleicht acht oder zehn von ihnen, keiner älter als siebzehn, unglaublich, was? Alle hatten irgendwelche Tücher ums Gesicht gebunden. Nur mein Junge nicht. Ich hätte ihn sowieso an seiner Stimme erkannt. Ein anderer wollte sprechen, doch da ist er vorgetreten. ›Laß mich das machen, das hier ist meine Sache‹, hat er gesagt. ›Warum ist dein Mann bei Law and order?‹ ›Aber das weißt du doch, damit wir alle zu essen haben, damit wir euer Schulgeld bezahlen können, damit du eines Tages studieren kannst...‹ Er hat mich nur unverwandt so herausfordernd angeschaut, daß ich, seine eigene Mutter, ins Stottern geraten bin.«

Tandi ist nicht leicht zu verwirren, aber diese Szene hat ihr Eindruck gemacht. »Wenn dein Mann nach Hause kommt«, sagte ihr Sohn so kalt zu ihr, als wäre sie eine völlig Fremde, »dann sag ihm, daß er seinen Dienst quittieren muß, wenn er sich je wieder hier blicken lassen will.«

Am nächsten Tag – das war ein Samstag – hat Tandi vorsichtshalber die beiden Kleinen zur Großmutter ins Homeland geschickt. Zum Glück fuhr eine gute Bekannte im gleichen Bus, die sich ihrer annehmen konnte. Dann saß Tandi nur so da und wartete auf ihren Mann. Über das Gespräch mit ihm schweigt sie lieber. Zehn Tage später erfuhr sie, daß ihr Ntuitu (ihr »kleiner Junge«) verhaftet worden war. Zwei Wochen später wurde auch ihre Dreizehnjährige beim Steinewerfen geschnappt.

»Sie hat einfach nicht hören wollen, das dumme Kind. Alles, was ihr großer Bruder macht, ist großartig. Er ist ihr Held. Seit er ›inside‹ war, spielte sie vollkommen verrückt.

›Sellouts‹ nennen diese Gören ihre eigenen Eltern! Weiß der Himmel, wie das weitergehen soll. Ich kann mir einfach nicht mehr vorstellen, daß die Kinder nächstes Jahr überhaupt in die Schule gehen werden, jetzt, wo so viele ihrer Kameraden verschwunden sind. Da, lies nur, was heute im ›Sowetan‹ steht.«

»Es wäre ideal für alle Kinder, wenn sie nächstes Jahr wieder in die Schule gingen. Aber da gibt es Hindernisse, die nur von der Regierung beseitigt werden können. Wir haben schon lange gesagt, daß die schwarzen Kinder erst dann ohne Gesichtsverlust in ihre Schulen zurückkehren können, wenn bestimmte Bedingungen erfüllt worden sind. Vielleicht die wichtigste Voraussetzung – abgesehen von der Freilassung ihrer inhaftierten Freunde, wäre eine Absichtserklärung der Regierung, daß dieses Land eine freie und gleiche Erziehung für alle Kinder haben soll … Aber leider haben wir eine Regierung, die schon solch einen Vorschlag für umstürzlerisch hält.«

»Der traut sich immer noch was, der ›Sowetan‹, was? Sogar nach den neuesten Zensurbestimmungen. Nur leider dürfen die uns jetzt nicht mehr sagen, wie die ganze Weihnachtskampagne weitergehen soll. Niemand weiß wirklich Bescheid. Die einen sagen dies, die anderen das. Lauter Gerüchte. Ich glaube, an Weihnachten müssen wir nochmals im Dunkeln sitzen. Als ob wir nicht schon genug im dunkeln tappten, was? Manchmal bin ich so verwirrt, daß ich aus reiner Gewohnheit den Tisch für sechs zu decken anfange. Gott sei Dank wohnt meine beste Freundin nebenan. Die hat natürlich auch Probleme. Aber wenn die nicht wäre, dann wäre ich schon längst verrückt.« Kichernd fährt sich Tandi mit ihren langen Fingern durch das wirre, krause Haar. »Wenn dieses schreckliche Weihnachten doch nur endlich vorbei wäre!« Sie lacht, doch ihre Schultern zucken verräterisch.

»Das hat doch gar keinen Sinn, daß ich Ihnen das alles erzähle, das müssen Sie mit eigenen Augen sehn. Gestern hätten Sie kommen sollen, ja, ungefähr um diese Zeit; da hätten Sie sehen können, was ich meine, wenn ich sage: Die sind alle komplett verrückt.« Margaret Nhlapo, die Vorsitzende des südafrikanischen Verbandes der Hausangestellten, schlägt mit der Faust auf den Tisch, daß es nur so kracht. »Das wird immer irrer«, sagt sie, »von Tag zu Tag.«

Gestern war eine Frau bei ihr gewesen, die schon jahrelang eine Johannesburger Familie bedient, ohne daß es je ernsthafte Schwierigkeiten gegeben hätte. Obwohl sie eigentlich immer ein wenig Angst hatte vor ihrem Herrn mit seinem übertriebenen Waffenfimmel. Überall geladene Pistolen im ganzen Haus; unterm Kopfkissen, in der Nachttischschublade, im Schreibtisch und dann auch noch Gewehre in einem Panzerschrank im Bad. »Kannst du mal die Decke dort für mich aufheben?« hatte der Herr zu ihr gesagt. Sie bückt sich, und der Schuß geht los. Die ganze linke Schulter durchlöchert von Schrot. »Sie hätten sie sehen sollen, die arme Frau! Einfach schrecklich sah die aus.« Dieser Fall wird nun einem Anwalt übergeben.

Auch wenn das wahrscheinlich ein Unfall war, ist immerhin eine Schmerzensgeldklage drin. Mehr will die Betroffene selber nicht, weil sie immer noch ihre Stelle zu behalten hofft. Oft kann Frau Nhlapo aus diesem Grunde überhaupt nichts unternehmen, oft steht auch Aussage gegen Aussage. Und welcher Richter glaubt schon dem Personal? Bei Einbrüchen sind das die ersten Verdächtigen. Hausangestellte sind die schwächsten aller Arbeitnehmer, nicht nur in Südafrika, weil sie kaum einen Rechtsschutz genießen und somit ihren Herrschaften auf Gedeih und Verderb ausgeliefert sind.

Seit Beginn der Unruhen ist das zunehmend schlimmer geworden. Die weißen Arbeitgeber lassen ihren Zorn und ihre oft unausgesprochenen Zukunftsängste immer häufiger an der wehrlosen Bedienung aus. Auch der rapide sinkende Lebensstandard der bisher allzu verwöhnten Weißen spiele da sicher eine Rolle, meint Frau Nhlapo nachdenklich. Viele suchten nur nach einem Vorwand, ihren Diener oder Gärtner, ihre Köchin, das Stuben- oder Kindermädchen rauszuwerfen, weil sie sich lieber die Zunge abbissen als zuzugeben, daß sie sich diese Hilfskraft einfach nicht mehr leisten können.

Seit Anfang 1986 steigt die Zahl der Klagen ständig an. Zwei Fälle von Mord, zwanzig Fälle von schwerer Körperverletzung – einschließlich Vergewaltigung und Messerstecherei – und mehr als siebenhundert Fälle von unfairer Entlassung landeten in nur vier Monaten in Frau Nhlapos kleinem Büro. »Das kann ich nur noch mit Paranoia erklären, mit kollektivem Wahnsinn auf seiten dieser weißen Arbeitgeber«, sagt sie. (Daß diesem Phänomen erhöhte Gewalttätigkeit auch auf seiten der Schwarzen entspricht, gibt sie unumwunden zu.)

Doch nur ein kleiner Teil aller Vorfälle findet den Weg zu Margaret Nhlapos Schreibtisch im vierten Stock eines heruntergekommenen Bürogebäudes im Zentrum von Johannesburg. Nur etwa ein Prozent der 800 000 registrierten Hausangestellten – alles in allem gibt es weit mehr als eine Million – sind zahlende Mitglieder dieses Arbeitnehmerverbandes, nur etwa 23 000 Adressen werden in seiner Kartei geführt. Fast alles Frauen. Im allgemeinen haben Dienstmädchen wie Diener Angst davor, sich irgendeiner Organisation oder gar Gewerkschaft anzuschließen: Das klingt allzu modern, riecht nach linken Ideen, wenn nicht gar nach Widerstand.

Wenn Bischof Desmond Tutu oder Winnie Mandela sich in politischen Reden zu Drohungen verstiegen, wie etwa daß schwarze Diener und Mägde weiße Familien vergiften oder deren Kinder umbringen könnten, dann zeige das nur, daß sie alle beide keine Ahnung von der alltäglichen Wirklichkeit hätten, empört sich Frau Nhlapo unverhohlen. »Wenn die das wirklich so gesagt haben, wie ihnen das von manchen Zeitungen und vom staatlichen Rundfunk angekreidet wird – ich kann es immer noch nicht glauben –, dann ist das absolut verantwortungslos. Und es zeigt nur, daß sie alle beide keine Ahnung haben, was für Menschen diese Hausangestellten sind; und daß sie alle beide nie in ihrem Leben in einem frem-

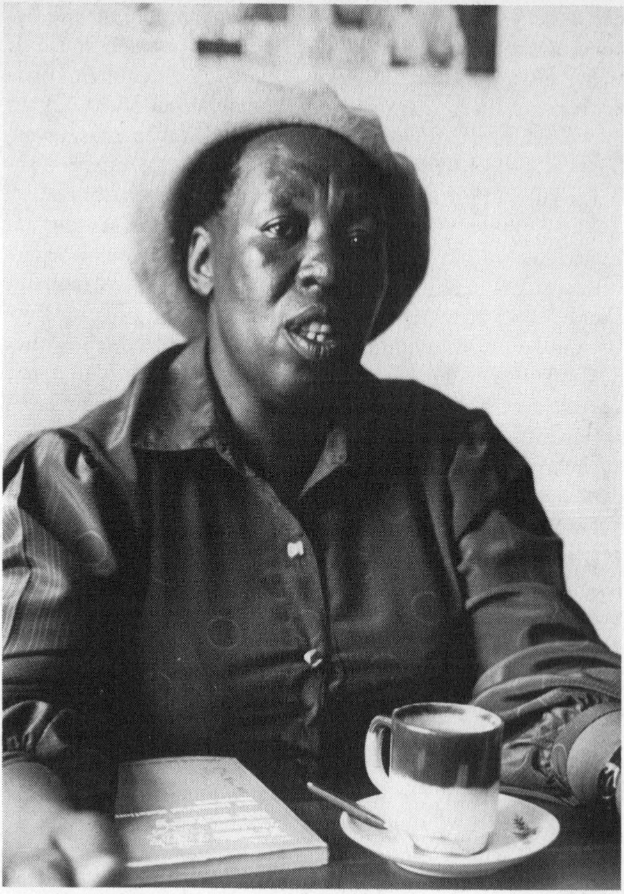

Nur ein Bruchteil aller Vorfälle findet den Weg zu Margaret Nhlapos Schreibtisch im vierten Stock eines heruntergekommenen Bürogebäudes im Zentrum von Johannesburg (Foto: The Star)

den Haushalt gearbeitet haben. Diese Hausgehilfen sind fast alle zutiefst religiös und vollkommen obrigkeitsergeben; sie lieben ihre weißen Schützlinge und sind wirklich nur darauf bedacht, nicht weiter aufzufallen, um die Arbeitsstelle nicht zu verlieren und nicht in ein Homeland verschickt zu werden. Genau das ist ja eines unserer vielen Probleme hier.«

Die unterste Schublade des grauen Aktenschrankes in der Ecke des kleinen Raumes steht offen: bis auf eine große Tüte Zucker und ein kleines Päckchen Tee ist sie offensichtlich leer. Frau Nhlapo lacht schallend über den erstaunten Blick. »Was glauben Sie denn, wie blöd wir sind? Unsere wichtigen Unterlagen haben wir selbstverständlich fortgebracht. Das täte denen so passen! Erst letzten Samstag hatten wir wieder hohen Besuch, ja natürlich, von der Sicherheit. Warum kommen die eigentlich immer noch, wenn die Regierung es ernst meint mit ihren Reformen? Vielleicht können Sie mir das erklären? Ja, diese Sicherheitsleute platzen einfach hier herein, verjagen unsere sowieso schon verängstigten Besucher, reißen alles heraus, schmeißen alles durcheinander und gehen schließlich wieder weg, meistens ohne ein Wort.« Nach sechs Jahren Erfahrung ist Frau Nhlapo an so etwas gewöhnt.

Aber woher nimmt diese Frau so viel Zähigkeit und Kraft? »Ich muß am Montag nur in all diese armseligen, ratlosen Gesichter sehen, dann krieg ich eine solche Wut, daß die für die ganze Woche reicht«, sagt sie und haut erneut so energisch auf den Tisch, daß das Tonbandgerät beängstigend in die Höhe springt. Dann kaut sie wieder an ihrem Bleistift herum.

Margarets Vater war ein recht erfolgreicher Bauunternehmer aus dem Zululand, ihre Mutter eine Süd-Sotho sprechende Hausangestellte. Die Eltern nannten sie, das fünfte von elf Kindern, zunächst Nomgcibelo, das heißt Samstag, weil sie an einem Samstag (im September 1940) zur Welt gekommen war. Doch für das Leben unter Weißen braucht ein Schwarzer auch einen europäischen Namen, den die Herrschaft sich mühelos merken kann; darum fügten sie den »christlichen« Namen Margaret hinzu. Mit fünfzehn Jahren wurde das frühreife Kind überraschend schwanger, und mit knapp sechzehn mußte Margaret zu ihrem Kummer – denn sie war auffallend lerneifrig und begabt – kaum mehr als ein Jahr vor ihrem Abitur die Schule verlassen. Ihr erstes eigenes

Kind, Simangele, das heißt »wir sind alle überrascht«, forderte seine eigenen Rechte. Und just in dieser schwierigen Zeit starb auch noch Margarets geliebter Vater. Um den Erzeuger ihres kleinen Mädchens heiraten zu können, mußte Nomgcibelo die strengen Initiationsriten der Nord-Sothos über sich ergehen lassen, die immer noch besonders rückschrittlich sind. Aber auch das half ihr keineswegs, von der neuen Familie akzeptiert zu werden. Die allmächtige Schwiegermutter hatte sich traditionsgemäß eine leibliche Nichte ins Haus gewünscht, damit der Brautpreis (in dieser Gegend wird er noch immer in Rindern bezahlt) nur ja in der Familie bleiben konnte.

»Wenn man heiratet und die neue Sippe Schlangen frißt, dann muß man eben Schlangen fressen. Und man muß den neuen Eltern aufs Wort gehorchen. Das ist unangenehm, doch man gewöhnt sich daran«, erzählt Margaret heute, mit einigem Abstand, von dieser schweren Zeit. Nach der Geburt des zweiten Kindes verlangte die Schwiegermutter jedoch, daß der Sohn sich eine zweite Frau nehmen sollte – und zwar diesmal die richtige. Das ging der jungen, städtisch erzogenen Nomgcibelo denn doch zu weit. Sie ließ sich scheiden und zog auf Arbeitssuche nach Johannesburg. Zwar hatte das Gericht ihr die beiden Kinder zugesprochen, aber ernähren konnte sie sie nicht. So mußte sie die beiden in der Obhut der gehaßten Schwiegermutter lassen. Simangele kehrte bald zu ihr zurück, der kleine Sohn, Tebogo, jedoch starb fern von ihr im Alter von knapp acht Jahren. Die Todesursache hat Margaret nie erfahren. Daß sie ihn im Stich gelassen hatte, kann sie sich bis heute nicht verzeihen.

Margaret wurde Hausgehilfin in Johannesburg, und weil sie neugierig war, ehrgeizig und intelligent, wurde bald eine hervorragende Köchin aus ihr. Schnell hatte sie herausgefunden, daß man in seiner Arbeit Ungewöhnliches leisten muß, wenn man sich als Bedienstete einige Freiheiten herausnehmen will. »Wenn du in einem Haushalt angestellt bist, dann wirst du ganz leicht zu einer Maschine degradiert, die man beliebig ein- und ausschalten kann. Das ist vollkommen falsch: du bist und bleibst ein Mensch, der seine Gefühle hat. Wir waschen ihre Unterwäsche ja, wir kennen unsere Herrschaften gut. Die sollten sich ihrerseits aber ruhig auch die

Mühe machen, uns ein wenig näher kennenzulernen, denn dann kann man viel besser miteinander zurechtkommen. Ich sage zu den Hausmädchen, die zu mir kommen, immer: Auch du bist eine Mutter, eine Ehefrau, ein Mensch. Du bist nicht in der Küche deiner Madam auf die Welt gekommen, sondern das ist nur dein Arbeitsplatz.«

Solche und ähnliche fundamentale Erkenntnisse gibt sie also an ihre Besucherinnen weiter. 1972 bekam sie selbst eine zweite Tochter, von einem Mann, mit dem sie seit einiger Zeit nach Stammesrecht zusammenlebt. Der Wunsch nach einem zweiten Tebogo aber blieb ihr versagt. 1978 nahm eine Freundin sie eines freien Donnerstags (Hausangestellte in Südafrika haben gewöhnlich an Donnerstagen frei, weil auf diesen Tag die meisten christlichen Feiertage fallen) zu einem »Centre of Concern«, einer der zahlreichen Wohltätigkeitseinrichtungen sozial eingestellter weißer Damen, mit, wo sie nähen und Erste Hilfe lernen konnte. Schon bald fiel sie auf, schon bald war sie die Vorsitzende des Komitees der Hausangestellten, schon bald auch kam ein wenig südafrikanische Politik ins Spiel.

Eine der weißen Damen sagte zu ihr: »Weißt du, Margaret, wir müssen diese Frauen vor der Politik in Schutz nehmen.« »Aber vielleicht wollen sie gar nicht vor der Politik beschützt werden«, erwiderte sie. »Daß diese weißen Damen mit Politik nichts zu tun haben wollen, das verstehe ich sehr wohl. Das bedeutet ja doch nur Krach mit ihren Männern. Aber das gibt ihnen noch lange nicht das Recht, für uns zu entscheiden, ob wir vor der Politik beschützt werden wollen oder nicht. Ich persönlich würde lieber verhungern, als mir je wieder von anderen vorschreiben zu lassen, was ich mit meinem Leben anfangen soll«, trumpft sie, zu allem entschlossen, auf.

Einige weiße Damen mögen auch heute noch ihre Organisation nicht leiden, mit der sie sich schließlich im November 1983 vom »Hausangestellten- und Arbeitgeberprojekt« (DWEP) losgelöst und 1986 dem Gewerkschaftsverband COSATU angeschlossen hat: »Weil wir Licht in die Augen der schwarzen Frauen bringen; weil wir ihnen sagen, wann und wo sie nur hereingelegt und ausgenützt werden und wie man sich dagegen wehren kann.«

Sie verhandelt mit den Arbeitgebern, meist übers Telephon, und bittet um Verständnis für die Probleme der jeweiligen Person – gerade in dieser Zeit schwarzer Rebellion, wirtschaftlicher Depression, steigender Arbeitslosigkeit und tiefsitzender Zukunftsangst. »Das gegenseitige Mißtrauen ist so unbeschreiblich groß und tief.« Manchmal bleibt nur der Weg zum Gericht, wie zum Beispiel in diesem jüngsten Fall, den Margaret Nhlapo uns in ihrer lebhaften, anschaulichen Art erzählt:

»Kaum ist der Master auf Dienstreise fort, bleibt natürlich der Hausfreund über Nacht. Ja, diese feinen, frommen Frauen, die kennen wir. Am Morgen verlangt er Tee. Das Dienstmädchen sagt, daß kein Tee mehr da ist und daß sie ihm also auch keinen kochen kann. No tea. Da fängt der auch schon wie verrückt zu schreien an. Sie hat es der Madam schon vor zwei Tagen gesagt, daß der Tee zu Ende geht, behauptet sie, aber die Madam hat vergessen, ihn einzukaufen, vielleicht weil der Master fort ist und sie selber Kaffee trinkt. Kann auch sein, daß das Mädchen vergessen hat, es der Madam zu sagen – so was kommt vor. Und daß sie an dieser Stelle der Geschichte ein bißchen lügt. Aber darauf kommt es ja nicht an. ›Was, du willst frech werden? Du machst wohl hier Revolution? Mit mir nicht! Du Tutu-Tunte, ich werde dir die schwarze Fresse polieren‹, schreit der Hausfreund und rennt zu seinem Auto, in dem sein Hund die ganze Nacht eingesperrt war. Und dann hetzt er diesen grauenhaften Köter, so einen echten Polizeihund, das sag ich Ihnen, auf die arme Frau. Der hat ihr die ganze Vorderseite zerbissen und heruntergerissen, hier und hier und hier« – und mit weitausholenden Griffen kneift Margaret sich selber in Busen, Bauch und Oberschenkel, das ausdrucksvolle Gesicht vor Schreck und Schmerz und Wut zu einer wilden Grimasse verzerrt. »Sie hätten sie sehen sollen, die arme Frau. Hier vor mir hat sie sich ausgezogen. Ganze Stücke hat er aus ihr herausgebissen, dieser widerliche Hund.«

In diesem Fall besteht kaum Chance, daß »das Mädchen«, eine Mutter von vier Kindern, ihren Arbeitsplatz behalten kann. Denn die Madam ist sauer, daß auf diese Weise ihr Mann jetzt alles über den Hausfreund weiß. Wie viele tausend andere wird das ohnmächtige Opfer ohnmächtiger Wut jetzt arbeitslos.

Ruth

Was soll das heißen: die Bar ist geschlossen? Dann mach sie gefälligst wieder auf! Wenn meine Gäste trinken wollen, ist die Bar nicht geschlossen. Das gibt es nicht. Verstanden? Dann ist die Bar offen. Und so was will ein Fünf-Sterne-Hotel sein! He, Sie da, Maier, Sie waren doch schon in meinem Haus, da können Sie doch alles kriegen, was Sie wollen, nicht wahr? Rémy Martin, Black Label, Armagnac, Calvados, alles, was das Herz begehrt. Für meine Gäste ist die Bar immer offen. Wer das ist? Alle sind meine Gäste, jeder, der was trinken will, ist mein Gast. Coupons? Brauchen wir nicht. Gib her, ich unterschreibe. Ich unterschreibe alles. Was, du weißt nicht, wer ich bin. Maier, sagen Sie dem Stewart doch mal, wer ich bin. Ach, der Maier redet natürlich mal wieder mit anderen Leuten. Ich bin die Frau des ersten Vorsitzenden. Ja, ich bin die Frau des Generaldirektors einer der größten deutschen Firmen in Südafrika. Wenn wir das Land verlassen, dann könnt ihr alle verrecken, wenn du das genau wissen willst. Aber das geht dich ja eigentlich alles gar nichts an. Du bist hier der Barkeeper, und du gibst uns jetzt sofort allen was zu trinken, oder ich lasse den Manager kommen. Das ist mir vollkommen egal, ob du deinen Bus nach Soweto verpaßt. Du kannst dir jederzeit ein Taxi nehmen, stell dich nicht noch blöder, als du bist. Meine Gäste wollen nicht mit deinen Problemen belästigt werden. Meine Gäste wollen was zu trinken. Basta. Das ist doch wirklich unglaublich, was man sich heutzutage alles bieten lassen muß. Die Schwarzen werden immer frecher, immer aufsässiger. Ja wirklich, der Ton ist richtig grob und roh geworden. Ekelhaft hart. Nichts mehr von Freundlichkeit und Liebe. Was glauben Sie, was der Minister gerade eben bei Tisch zu mir gesagt hat? Sie sind eine ganz süße Person, hat er gesagt. So feine Menschen sitzen in dieser Regierung, auf die alle immer nur schimpfen können, sehen Sie mal an! Lovely, richtig lovely. Das ist genau, was ich meine. Vor zwei Wochen bin ich sechzig geworden; da bleiben mir vielleicht noch fünfzehn Jahre zum Leben. Das ist gar nicht viel. Das ist sogar schrecklich wenig. Wir haben alle nur ein Leben. Nur ein einziges Leben, sage ich. Und viel zu wenig Freundlichkeit und Liebe. Ihr Männer, wenn ihr im Berufsleben erfolgreich und gut verheiratet seid – und das gehört natürlich zusammen –, dann habt ihr alle so eine dumme Ruth wie mich, die irgendwann gesagt hat: Wohin du gehst, da will ich auch hingehen. Wo du bleibst, da bleibe ich auch. Dein Erfolg ist mein Erfolg, und dein Gott ist mein Gott. Wir haben euer Leben gelebt. Eure Karriere. Und irgendwann ist die vorbei. Mein Mann geht in drei Monaten in Pension. So, jetzt gehst du also in den Ruhestand, müßte ich jetzt zu ihm sagen. Jetzt bin endlich einmal ich dran. Jetzt kommt mein Leben. Manche tun das ja. Vielleicht bin ich nur zu feige und zu faul dazu? Ja wirklich, ehrlich, zu träge. Statt einfach wegzulaufen, renne ich tagein tagaus hinter dem Staub in meinem Haus hinterher. Dabei hätte ich ja eigentlich genug Personal. Aber mit diesem ekligen Federbusch wedeln diese dummen Gänse wirklich mehr Staub auf als sonstwas. Und ein Staubtuch zu benutzen wie zivilisierte Menschen, das ist ihnen einfach nicht beizubringen. Doch, doch, das gibt es, das richtige Leben. Neulich in Amerika habe ich das wieder gesehen. Das Rockefeller Center, das kennen Sie doch? Da war ich neulich drin – natürlich mit meinem Mann. Immer drei Schritte hinter ihm her. Gleich am Eingang steht da eine Vase. Sooo hoch, nein nicht ganz, aber ungefähr soo hoch ist die. Und voller schöner bunter Blumen. Lebende Blumen. Was sag ich da? Lebendige Blumen. Seit mehr als fünfundzwanzig Jahren täglich lebendige Blumen. Immer frisch. Er wollte natürlich einfach vorbeirennen in seiner hektischen Geschäftigkeit – Konzentration auf das Wesentliche nennt er das – keine Zeit für Freundlichkeit und Liebe – schnurstracks in die ägyptische Sammlung und so. Aber da hab ich ihn ausnahmsweise einmal zurückgehalten: Sieh dir doch erst mal das hier an, Liebling! Frische, lebendige Blumen; ist das nicht einfach wunderbar? Wenn man das Geld dafür in eine von deinen Stiftungen gesteckt hätte, in deine Kaffernschulen oder was weiß ich – nach zwei, drei Jahren wäre alles weg. Und die wissen das ja nicht einmal zu schätzen; die machen alles immer gleich wieder mutwillig kaputt. Aber hier – sieh doch nur wie schön! So viele Jahre lang jeden Tag frisch! Ach, ich fürchte, ich rede mal wieder zu viel. Aber wenn ich freundliche Menschen sehe, dann muß ich einfach reden. Oder soll ich vielleicht anfangen, mit meinen Dienstmädchen zu schwätzen? Da kann man mich geradesogut in die Klapsmühle stecken. Was ich sagen wollte: ja, Liebe und Freundlichkeit. Hat es ja auch bei uns gegeben, am Anfang jedenfalls. Wie die Kinder noch klein waren. Jetzt sind die weg. Also gut, mach deine verdammte Bar zu, Mann; jetzt will ich sowieso nichts mehr. Und meine Gäste sehen müde aus. Maier, wo ist Maier? Wenn mein Mann nach mir sucht, dann sagen Sie ihm, ich sitze dort in der Ecke und warte auf ihn. Wie gewöhnlich. Aber keine Eile, der sucht mich erst, wenn er nach Hause fahren will.

Eine Vita

Etwa um das Jahr 1700 herum trug es sich zu, daß Kimpa Vita, eine junge Kongolesin im Gebiet des heutigen Zaire, eine Erscheinung hatte und sah, daß die europäischen Missionare nichts als Lügner waren: Christus war ein schwarzer Mann gewesen, und auch alle seine Apostel waren schwarz, lehrte sie fortan, und sie rief zum heiligen Krieg gegen die offizielle Kirche auf. Im Kampf mit den weißen Unterdrückern stehe Christus auf der Seite seiner schwarzen Brüder. Und er werde wiederkommen, die Könige Afrikas wieder in ihre Rechte einsetzen und ein Paradies auf Erden schaffen.

Für viele Theologen, ja sogar Historiker in Afrika beginnt mit dieser »Vita-Revolte« die Geschichte der sogenannten unabhängigen Kirchen auf dem dunklen Kontinent. Als eigentliche Ursache beschreiben sie jedoch alle eine Art »spirituellen Hungers«, einen durch die nüchternen europäischen Priester einfach nicht befriedigten Bedarf an Wundern, Heilungen, Wahrsagungen und Visionen. Die traditionellen afrikanischen Religionen seien den lokalen Bedürfnissen einfach besser angepaßt gewesen, schreibt etwa der schwarze Methodist Itumeleng Mosala, ein Dozent für »schwarze Theologie« an der Universität von Kapstadt. Diese schwarze Theologie wiederum sei ihrerseits das Kind schwarzen Selbstbewußtseins, sagt Bonganjalo Goba, ein Priester der Kongregationskirche und Professor an der »Universität von Südafrika« (UNISA) in Pretoria. Der südafrikanische Anthropologe Martin West wußte schon 1975 in seiner Dissertation von mehr als dreitausend »unabhängigen« Kirchen mit insgesamt mehr als vier Millionen Gläubigen – das sind mehr als ein Sechstel aller Schwarzen – allein in seinem Land zu berichten. Heute sind es noch sehr viel mehr.

Doch der wachsende Berg wissenschaftlicher Untersuchungen über das erstaunliche Phänomen dieser Kirchen, die nicht etwa den afrikanischen Glauben christianisiert, sondern vielmehr das Christentum afrikanisiert haben, stammt bisher ausschließlich von Außenseitern; von Weißen, die wie West ihre Forschungen zur Erlangung der Doktorwürde betrieben haben, oder von Schwarzen, die noch immer in den sogenannten Festlandkirchen (mainland churches) zu Hause sind.

»Oft erkennen wir uns selbst in diesen gelehrten Schriften gar nicht wieder«, bedauert The Reverend Kenosi Mofokeng im kleinen Institut für »Contextual Theology« in Braamfontein, Johannesburg, resigniert. »All diese Wissenschaftler gehen gewöhnlich von völlig falschen Voraussetzungen aus. Sie denken in den Kategorien der Anthropologie oder der Soziologie oder auch einer westlichen Theologie. Innerhalb dieser Kategorien werden wir dann eingeordnet und beurteilt. Sie leisten sich oft unverantwortliche Verallgemeinerungen. Sie studieren ein paar Kirchen und teilen diese dann nach ihren Kriterien in zionistische, äthiopische und apostolische ein, nennen sie kongregational, presbyterial oder episkopal, wie es ihnen beliebt, ohne auch nur annähernd genug über uns zu wissen. Auch die gängigen Vorurteile sind kaum zu glauben: Warum zum Beispiel sollen wir uns ›Sekten‹ schimpfen lassen, während sie sich getrost Kirchen nennen dürfen? Warum gelten wir als Separatisten und sollen uns als solche schuldig fühlen, während doch auch die anderen Konfessionen sich irgendwann von ihren Mutterkirchen losgelöst haben? Ja, warum sollen wir überhaupt ›die unabhängigen‹ Kirchen sein. Sind die anderen Kirchen denn etwa nicht unabhängig?«

Kenosi Mofokeng ist eine zarte junge schwarze Frau mit weiten, ausdrucksvollen Augen hinter einer riesengroßen Brille, die auf den ersten Blick müde und traurig wirkt. Aber bald taut sie auf, und es zeigt sich, daß sie mitunter herzlich lachen kann. So zum Beispiel, wenn schon wieder ein weißer Besucher des Institutes sie für die Sekretärin des Bischofs Ngada, des Präsidenten der »African Spiritual Churches Association«, hält und sich dann allzu übertrieben bei ihr entschuldigt. Dieser Bischof, Kenosi und der Präses, Paul Makhubu, betreiben gemeinsam das kleine Seminar und erteilen seit Mai 1985 von hier aus in Fernkursen knapp zweihundert »Studenten« in ganz Südafrika, Lesotho und Swaziland allereinfachsten Religionsunterricht.

Kenosi ist Pastorin einer kleinen Gemeinde der »Nationalen Baptisten im südlichen Afrika« in Kliptown, Soweto. Außer ihr gibt es vielleicht noch zwei Dutzend weitere weibliche Pfarrer in Südafrika – in den Hauptkirchen, wohlgemerkt. Man findet diese wohl bei allen Konfessionen, mit Ausnahme (natürlich) der römisch-katholischen und auch der anglikanischen Kirche, welche über der Frage der Frauen-Weihe noch zerstritten ist. Zunächst hatte Kenosi im Ostkapland Theologie studiert, dann wurde sie in der Provinz Natal ordiniert und alsbald nach Lesotho geschickt, wo man ihre Muttersprache spricht. Anfang 1985 arbeitete sie dreieinhalb Monate lang im Hauptquartier aller »African Independent Churches« in Nairobi, Kenia. Und nun konzentriert sie sich buchstäblich Tag und Nacht auf die Fertigstellung von sechzehn Kursen, die sie auf Englisch aufsetzt und dann sofort in ihre Sprache, Sesotho, überträgt. Der Bischof muß den Übersetzer für Xhosa abgeben, der Präses für Zulu, und für Setswana hat das Institut eine Sekretärin eingestellt.

»Bisher waren unsere Gläubigen zwar von Gott gerufen, aber völlig ungebildet. Mit Hilfe des Heiligen Geistes wollen wir ihnen jetzt helfen, denn auch sie haben Ohren zu hören, Augen zu sehen und Münder zu reden... wir wollen, daß sie dort glücklich sind, wo sie sind«, sagt Kenosi ernst. »Sie sollen keine Schuldkomplexe haben, weil sie bei uns und nicht bei den Weltkirchen sind, sondern sich zu Hause fühlen. Das sind sowieso die Ärmsten der Armen. Darum sind auch so viele Frauen unter ihnen: die suchen bei uns Sicherheit und Geborgenheit. Und genau das ist auch unsere Aufgabe: diesen armen Frauen beizustehen, die aus ihrer Dorfgemeinschaft und Großfamilie herausgerissen worden sind und nun allein dastehen in einer ihnen fremden, ja feindlichen Welt. Zum Beispiel in Todesfällen: wenn eine Frau ihren Mann oder ein Kind verliert, was jetzt während der Unruhen sehr oft vorkommt, dann sind die anderen Gemeindemitglieder eine ganze Woche lang immer bei ihr, trösten sie, erledigen den Behördenkram für sie, sorgen für die Familie und beten mit ihr. Genau was früher die Dorfgemeinschaft getan hätte.«

Vielleicht wäre ihre Arbeit in der Gemeinde manchmal leichter, wenn sie verheiratet wäre und Kinder hätte, meint Kenosi plötzlich nachdenklich. Aber katholische Priester wüßten ja wohl auch nicht viel mehr als sie vom durchschnittlichen Familienleben. »Und der Heilige Geist leitet mich! –

Ja, eure weißen Kirchen haben einfach nicht mehr genug Respekt vor dem Heiligen Geist. Jesus hat übrigens mit Frauen gearbeitet, und ich sage dir: das ging gut! Erst später ist so manches falsch gelaufen in seinem Haus.«

Leider hätten die Missionare nicht nur die Bibel nach Afrika gebracht, sondern ihre sehr persönlichen Probleme obendrein. Das große Mißverständnis über die afrikanischen Volkskirchen rühre sicher nicht zuletzt von der kulturellen Überheblichkeit aller Europäer her. »Warum in aller Welt sollen alle unsere Sitten und Namen grundsätzlich ›heidnisch‹ sein, während eure Namen und Gebräuche als christlich gelten? Warum nennt man unsere traditionellen Ärzte so herablassend ›witchdoctors‹? Warum ist unser traditionelles Hirsebier ›Heidenbier‹ (Kaffirbeer), während Schnaps zu trinken offenbar keine Sünde ist und Wein sogar zur Heiligen Kommunion verwendet wird? Und warum wird unser Respekt vor den Ahnen als abergläubischer Humbug abgetan? Wir unterscheiden klar zwischen Religion und Kultur. Unsere Pfarrer predigen Gottes Gebot, Vater und Mutter zu ehren, und das tun wir über den Tod hinaus; und deshalb halten wir Kontakt mit den Geistern unserer Ahnen. Aber das ist für uns eine Familienangelegenheit und hat mit der Kirche nichts zu tun. Wir beten nicht zu unseren Ahnen wie viele weiße Christen zu ihren Heiligen. In unseren Kirchen huldigen wir nur Gott.«

Ist das Problem vielleicht eine Frage des historischen Augenblicks? »Schon möglich. Jedenfalls sind all die Sitten und Gebräuche, die wir in der Bibel finden, unseren Sitten und Gebräuchen sehr viel näher verwandt als der westlichen Kultur eurer weißen Kirchen«, fährt Kenosi geduldig in ihrem Religionsunterricht fort: »Unsere Knaben werden beschnitten, wie Jesus beschnitten worden ist. Jesus hatte auch Kontakt mit seinen Ahnen: mit Moses und Elijah auf dem Berge Tabor; und die ganze Welt der Geister ist in der Bibel eine Selbstverständlichkeit. Wir lesen die Bibel als das Wort Gottes und nehmen deshalb jeden einzelnen Buchstaben ernst. Wir halten das Abendmahl am Abend und waschen unsere Füße, wie es geschrieben steht. Und wenn man uns fragt, warum wir Erwachsene im Fluß taufen, dann können wir nur antworten: weil das in der Bibel so gemacht wird. Wir wollen die Heilige Schrift nicht auslegen oder uns anpassen oder gar ihre Botschaft verwässern. Wir achten ihren Stil und ihre Symbolkraft. Und wir ehren den Geist, der darin weht. Das ist der Geist, der uns heilt. Wir kennen auch böse Geister und Besessene, aber wir glauben, daß der Geist Gottes stärker als alle anderen ist. Die weißen Kirchen haben die Fähigkeit des Heiligen Geistes, zu retten und zu heilen, aus dieser Welt verbannt und jede Erlösung auf die Zeit nach dem Tode verlegt. Das genau ist es, was unsere Führer so enttäuscht hat, daß sie die europäischen Kirchen verlassen und neue Kirchen gegründet haben. Sie waren einfach krank vor Hunger nach dem alles heilenden Geist.«

Kenosi ist in Eifer geraten; sie lehnt sich über den Tisch: »Du mußt das zu verstehen versuchen«, redet sie beschwörend auf mich ein. »In unseren Kirchen gibt es viele Riten zur Heilung, zur Teufelsaustreibung, zur Reinigung, zur Taufe und zur Beratung mit den Sehern und Propheten. Aber es gibt nur einen einzigen Heiligen Geist. Unsere Gemeinde ist eine Einheit der Nächstenliebe, in der jeder die Rolle spielt, die ihm Gott gegeben hat. Manche sind Bischöfe, andere Pastoren so wie ich, wieder andere sind Propheten – das sind vor allem Frauen; vielleicht aber nur deshalb, weil so viel mehr Frauen als Männer in unseren Kirchen sind. Wir alle haben die Gabe des Geistes: Eure scharfe Unterscheidung zwischen Priestern und Laien kennen wir deshalb nicht. Doch wir bleiben die Kirche der Armen«, fügt sie traurig hinzu. »Ja, sobald unsere Gläubigen eine gute Ausbildung bekommen und dann viel Geld verdienen, verlassen sie uns gewöhnlich und kehren in die großen Weltkirchen zurück; weil dort die einflußreichen Menschen sind. Mit Politik hat das alles überhaupt nichts zu tun.«

Hexenjagd

Nie werden wir Makgadi Kekana vergessen, die mutige Mutter, wie sie in ihrer strohgedeckten Hütte unweit der Siedlung Zebediela im Homeland der Nord-Sothos, Lebowa, hockte und geduldig darauf wartete, abgeholt, zu einem Bündel zusammengeschnürt, mit dem Knüppel-Kierie ohnmächtig geschlagen und schließlich auf einen lodernden Scheiterhaufen geworfen und bei lebendigem Leibe verbrannt zu werden. Die Tür ihres runden Häusleins stand ständig offen, doch sie machte keinerlei Versuch, davonzulaufen, weil sie wußte, daß sonst ihre Kinder daran würden glauben müssen.

Zwei bewährte Sangomas (Weissager) ihres Dorfes hatten die Knochen geworfen und Makgadi sowie zwei weitere Frauen als Hexen ausgeschnüffelt, und damit waren sie, nach geltendem Stammesrecht, zum Feuertode verdammt. Es wurde ihnen vorgeworfen, von einem Inyanga (Medizinmann) Zauberkräfte erworben zu haben, um Blitze auf ihre Feinde zu lenken, deren Hütten daraufhin Feuer gefangen hatten. Ihr Geist war somit böse geworden und mußte, um die Dorfgemeinschaft davon zu befreien, vernichtet werden.

Die Bantuvölker der Tswana-Sotho-Gruppe glauben nämlich, daß der Körper eines Menschen lediglich die Behausung seines körperlosen Geistes sei. Wenn ein Mensch stirbt, dann weht der Geist aus dem Toten heraus und entschwebt, durch Schlachtopfer auf den rechten Weg gebracht, friedlich ins Schattenreich der Ahnen. Um diesen Vorgang zu erleichtern, werden die Toten in hockender Stellung begraben.

Ein böser Geist jedoch irrt ruhelos umher, sucht sein Dorf und seine Großfamilie heim und bringt Krankheit, Not und Tod über sie. Die einzige Möglichkeit, einen als böse erkannten Geist für immer loszuwerden, ist, ihn gemeinsam mit seiner leiblichen Hülle zu vernichten. Das ist, da es sich nun einmal um eine Art Gas handelt, nur durch Verbrennen möglich. Es geht bei solcher Hinrichtung also nicht um Strafe, auch nicht – wie bei den Hexenverbrennungen im europäischen Spätmittelalter und zu Beginn unserer Neuzeit – um Läuterung, sondern nur um den Schutz der Stammesgemeinschaft vor dem bösen Geist.

Während die aufgeklärte europäische Gesellschaft die Ursachen für Krankheiten und Unglücke rational zu erklären versucht und auch die Schuld für Versagen gewöhnlich bei dem Betroffenen vermutet, kennt eine gesunde Dorfgemeinschaft der Bantus keinen Qualitätsunterschied zwischen ihren grundsätzlich voll akzeptierten Mitgliedern; und jede Krankheit, jedes Versagen wird als Folge von äußeren Einflüssen angesehen, während Epidemien, Naturkatastrophen und ähnliches durch den Schadenzauber von lebenden Hexen oder bösen Ahnengeistern auf die Gemeinschaft gelenkt sein müssen.[1] William David Hammond-Tooke,[2] Professor für Sozialanthropologie an der Universität von Witwatersrand in Johannesburg, sieht auffallende Parallelen zwischen dem traditionellen Hexenglauben der Bantus und dem Verbrennen von angeblichen Kollaborateuren während der revolutionären Entwicklungen in den townships der Schwarzen in jüngster Zeit. »Eine Hexe ist ja der Feind im eigenen Hause«, sagt er: »eine Person, die dich lieben sollte, es aber nicht tut. Der Kollaborateur oder Informant ist für diese Rolle wie geschaffen. Er schadet ganz offensichtlich der Gemeinschaft und muß deshalb vernichtet werden.«

Man muß ihn verbrennen. Deshalb werden dem »spontan« von der Masse oder auch »systematisch« von sogenannten Känguruh- oder Volksgerichten als »sellout« identifizierten »Verräter«, der »vom bösen Geist Pretorias« besessen ist, benzingetränkte Autoreifen um den Hals und meist auch um das Gesäß gelegt – bisweilen wird ihm sogar Benzin in den Mund gegossen – und angezündet. Das ist dann die gefürchtete Halsband-Hinrichtung, durch die seit Beginn der Unruhen im September 1984 viele Dutzend Menschen einen qualvollen Tod gestorben sind. Aber grundsätzlich nur Mitglieder der jeweils eigenen Gemeinschaft. Ausnahmen bilden Fälle

1 Mercia Waring, Colour Us Black – an anthropological Study of South African urban Blacks, Grahamstown 1986

2 Zitiert nach Thomas Kruchem, Brücken über die Apartheid, München/Zürich 1986

wie die Ermordung des weißen Eisenbahnmaschinisten Lodewijk Flooh im Juni 1986 in Uitenhage bei Port Elizabeth: Dieser wurde denn auch nicht durch Schwarze, sondern durch Mischlinge, die es offenbar weniger auf seine Seele als auf sein Geld abgesehen hatten, umgebracht.

Hexenverbrennungen sind immer ein Zeichen schwerer Spannungen innerhalb einer Gemeinschaft. Jeder Umbruch der geistigen, religiösen und politischen Verhältnisse bringt Menschen hervor, die die Teufelsherrschaft einer nun allseits erwarteten Endzeit voraussehen. Das war in Europa lange Zeit nicht anders, als es heute noch in Afrika ist. Eine typische Endzeitgeschichte ist zum Beispiel, was sich noch im März 1986 in Sondagsfontein bei Dennilton am Rande des Homelands KwaNdebele zugetragen hat – in einem Gebiet also, das gerade durch die Frage zukünftiger staatlicher »Unabhängigkeit« außergewöhnlich verunsichert, ja aufgewühlt war.

Etwa zweihundert Männer, Frauen und Kinder hatten sich hier in einer lauen Spätsommernacht vor der Hütte der Seherin Emily Motshwene zusammengefunden, um gemeinsam auf das Ende der Welt zu warten. All ihr Hab und Gut, ihre Möbel und Haushaltsgegenstände, ja all ihr Geld hatten die armen Seelen auf die Straße geworfen; die meisten von ihnen hatten sogar ihre Kleidung abgelegt und diese verbrannt, in der Hoffnung, daß Gott sie in ihrem künftigen Dasein erheblich reicher kleiden und beschenken werde.

Drei Nächte hatten sie hier schon betend gewacht, aber erst für die folgende Mitternacht hatte die Prophetin das große Wunder angekündigt. Die modern erzogenen Jugendlichen glaubten der Seherin kein Wort – mehr noch, sie nannten Emily rundheraus eine Hexe. Und schließlich begannen sie, Molotow-Cocktails in das Haus der Motshwenes zu werfen, das alsbald Feuer fing und völlig niederbrannte. Fünf Menschen, darunter die Prophetin, fanden den Tod.

Wer hätte da nicht an die unglückselige Geschichte der Seherin Nonqawuse gedacht, die in den Xhosa sprechenden Homelands Transkei und Ciskei noch immer in den Schulbüchern steht? Nonqawuse, die jüngste Tochter des Häuptlings Mhlakaza, ging täglich zum Wasserholen zum Fluß. An einem Tag im Mai 1856 sah sie dort in den Fluten seltsame Gesichter, die zu ihr aufblickten, und hörte Stimmen, die ihr eine unheimliche Botschaft zuraunten. Sie wußte sofort, daß das die Geister ihrer Ahnen waren. Diese versprachen, sie würden das Volk der Xhosas vor dem Ansturm der Engländer retten, wenn es, zum Zeichen seines Glaubens, all sein Vieh schlachte und die gesamte Ernte zerstöre.

Aufgeregt rannte Nonqawuse mit dieser Botschaft nach Hause, und ihr Onkel, der ein Medizinmann war, eilte damit unverzüglich weiter zum Oberhäuptling Kreli und dessen Beraterstab. »O Kreli«, rief der Inyanga schon von weitem, »ich bring dir eine Botschaft der Toten«, und Kreli, der ohnehin nicht weiter wußte in seiner Not, glaubte ihm aufs Wort. So wurden Boten ausgesandt, und alsbald begann im ganzen Land fanatisches Schlachten, Brennen und Wüten, bis mehr als zweihunderttausend Rinder getötet, sämtliche Felder abgebrannt und alle Vorräte vernichtet waren. Ende 1856 begannen die Menschen im heutigen Gebiet der Ciskei reihenweise Hungers zu sterben. Doch noch war ja der große Tag nicht da.

Dieser sollte der 18. Februar 1857 sein. An diesem Morgen sollte die Sonne blutrot aufgehen, einmal im Kreise herumspazieren und sich schließlich im Osten wieder zur Ruhe setzen. Dann würden Stürme und Regen das Land von den Ungläubigen und den Europäern reinwaschen und -fegen, und ein Paradies auf Erden bräche an. Singend und betend standen Tausende von Xhosas nackt vor ihren Hütten, als die gelbe Sonne am frühen Morgen gemächlich aus dem Indischen Ozean stieg wie alle Tage zuvor. Kein Sturm, kein Regen, keine himmlischen Heerscharen. Hunderte von Familien verhungerten, andere fielen als Kannibalen übereinander her, und schließlich war das Volk so geschwächt, daß die Engländer mühelos das ganze Gebiet eroberten. Und noch heute leidet Ciskei an den Folgen des damaligen Massenwahns.

Die arme Nonqawuse wurde zunächst von weißen Polizisten in Schutzhaft genommen, denn ihr Volk hätte sie sonst sicherlich als Hexe verbrannt; später genoß sie das Gnadenbrot auf der Farm eines plötzlich reich gewordenen englischen Pioniers. Wer auch für diese Begebenheit nach rationalen Erklärungen suchte, der mag wohl, wie der berühmte Witchdoctor von Soweto, Credo Mutwa, zu der Ansicht gekommen sein, das gute Kind sei von als Ahnengeister verkleideten Agenten des britischen Gouverneurs so gründlich hereingelegt worden, daß es sein Volk nichtsahnend in den kollektiven Selbstmord trieb.

Was uns im Falle Makgadi Kekanas damals aber am meisten erstaunte, war, daß sie auch in ihrer katastrophalen Lage noch immer fest davon überzeugt gewesen war, daß das Prinzip der Hexenverbrennungen vollkommen richtig und zum Schutz der Dorfgemeinschaft notwendig sei. Nur in ihrem persönlichen Fall – das wußte sie schließlich genau – hatten sich die Inyangas ausnahmsweise geirrt. Ganz genauso hatte seine Mutter reagiert, beschrieb Wolfgang Leonhard in »Die Revolution entläßt ihre Kinder«, als während der großen »Säuberungen« Stalins Häscher sie holen kamen. Auch sie zweifelte nicht eine Sekunde lang an der Richtigkeit des Systems – nur eben in ihrem Fall hatte die Geheimpolizei sich geirrt.

Überhaupt scheint jeder europäische Dünkel gegenüber dem Aberglauben der Völker Afrikas fehl am Platze zu sein, wenn man bedenkt, wie leichtgläubig noch in diesem Jahrhundert angeblich aufgeklärte Europäer hinter der Flöte politischer Scharlatane her widerspruchslos in den kollektiven Selbstmord – und Mord – gelaufen sind. Auch sind die nur wenig pigmentierten Bewohner Südafrikas von oft tiefsitzender Superstition keineswegs frei. Viele ihrer fixen Ideen mögen ihnen natürlich schwarze Kinderfrauen schon in frühester Jugend eingeredet haben. So laufen beispielsweise die Blitzableiter auf der Mehrzahl der Dächer »weißer« Vororte von Johannesburg genau wie auf den Hütten der Bantu-Krals in spitzige Dreiecke aus, damit sich nur ja der Blitzvogel dort oben kein Nest bauen kann.

Immer ist auch der Wohnwagen oder das Zelt eines Weissagers oder einer Wahrsagerin irgendwo im weißen Einzugsgebiet aufgebaut, und vielen reich gewordenen Spekulanten wird nachgesagt, sie ließen sich vor allen entscheidenden Transaktionen dort die Knochen werfen.

Im März 1986 kam eine solche weiße Wahrsagerin, die Französin Nina Montes, in Johannesburg wegen Hexerei vor Gericht. Denn was den Schwarzen recht ist, ist den Weißen hier noch lange nicht billig. Das nur für das »weiße« Südafrika (zum Unterschied von den Homelands) gültige Hexenkraft-Unterdrückungsgesetz aus dem Jahre 1957 bestimmt, daß ein jeder sich eines Vergehens schuldig macht, der

– andere beschuldigt, übernatürliche Kräfte eingesetzt zu haben, um Krankheit oder Schaden zu verursachen,
– sich zur Kenntnis von Hexentricks bekennt oder einem anderen sagt, wie er seine Feinde verzaubern kann,
– auf Geheiß eines Witchdoctors irgend etwas tut, um irgend jemandem Verletzungen oder Schaden zuzufügen und / oder
– aus Gewinnsucht vorgibt, über übernatürliche Kräfte zu verfügen, und das Schicksal vorhersagt oder so tut, als könne er Verlorenes oder Gestohlenes wiederfinden.

Die vorgesehene Höchststrafe ist zweihundert Mark oder zwei Jahre Gefängnis für das letztgenannte Vergehen, bis zu zwanzig Jahre jedoch oder zehn Peitschenhiebe – oder auch beides – für die Gewohnheit oder den Ruf, ein Hexenmeister oder auch Hexenfinder zu sein.

Mit Spannung wurde allseits dieser erste Hexenprozeß in mehr als vierzig Jahren südafrikanischer Geschichte erwartet. Eine junge Polizistin hatte Madame Montes in ihrem Reihenhaus aufgesucht, um ihre Hilfe in Liebesfragen zu erbitten, weil Klagen gekommen waren, die Wahrsagerin habe ihren Kunden bis zu zweitausend Mark mit ihrem Hexenschwindel aus der Nase gezogen.

»Ich ließ einen Kollegen draußen im Auto sitzen und klopfte bei der Angeklagten an«, erzählte die schüchterne Schutzfrau später vor Gericht. »Ich sagte ihr, ich hätte ein Problem. Sie las meine Hand und sagte, es gebe da zwei Männer in meinem Leben, aber bald würde ich glücklich verheiratet sein. Dafür verlangte sie zwanzig Mark. Ich sagte, damit habe sie mein Problem noch nicht gelöst. Für dreißig Mark legte sie mir daraufhin die Karten und sagte, daß sie mir helfen könne: für 500 Mark. Aber ich dürfe niemandem etwas davon sagen. Als ich darauf bestand, daß meine Mutter das wissen müsse, bekam sie eine schreckliche Wut. Sie schrie und wetterte wie ein Seeräuber, versuchte, mich zu schlagen, und drohte mit einem hundsgemeinen Fluch. Dann haben wir sie festgenommen.«

Frau Montes zahlte als Strafe nur etwa fünfzig Mark. Doch als wir sie in ihrer Wohnung besuchen wollten, waren sie, ihr unheimlicher riesiger Mann und ihre beiden weißen Zwergpudelchen längst in einem schönen neuen, von einem großen Mercedes gezogenen Wohnwagen einige Kilometer stadtauswärts und ihrem geheimnisvollen Gewerbe nachgefahren.

So glimpflich wie Madame Montes kommt eine schwarze »Hexe« nur in den seltensten Fällen davon. Zwar konnte Makgadi Kekana von den gerade noch rechtzeitig einschreitenden staatlichen Behörden vor dem Feuertode gerettet werden, doch schon kurze Zeit später wurden sowohl in Lebowa als auch in Venda (einem anderen nördlichen Homeland, das in seiner Entwicklung sehr zurückgeblieben ist), aber auch in der städtischen Wohnsiedlung für Schwarze, Soweto bei Johannesburg, drei schwarze Frauen – unter ihnen eine von der Schwiegermutter nicht gewünschte Braut – mit Methylalkohol oder Benzin übergossen und bei lebendigem Leibe verbrannt.

Sie

Laß das sein, hatten südafrikanische Freunde gewarnt, als vom Plan dieser Reise die Rede war. »Du wirst nur enttäuscht sein nach all deinen Büchern. Das ist alles längst nur noch Touristen-Nepp...« Dennoch machte ich mich auf den Weg.

Ein Hotel in Duiwelskloof (das bedeutet Teufelsschlucht), hieß es, könne alles regeln, einschließlich einer Audienz bei der Regenkönigin. Dann müsse man nur noch von den Verwaltungsbehörden des Lobedu-Stammes einen Passierschein kaufen, und damit sei alles okay.

Doch nichts von alldem traf zu. In der Herberge wurden mir nur verlegen ein paar bunte Prospekte in die Hand gedrückt. Ich solle doch lieber erst mal an der Polizeistation nachfragen, wurde mir bedeutet; dieser Tage wisse man schließlich nie so recht... Die Ordnungshüter zeigten sich vollends ratlos. Modjadji? Nun ja, in den letzten Tagen scheint es dort einigermaßen friedlich gewesen zu sein. »Nein, keine Toten mehr, fahren Sie unbesorgt weiter! Und bitten Sie die Regenkönigin auch für uns um Regen«, ruft mir ein dicker Sergeant fröhlich lachend nach.

Staubige Wege wie überall sonst, dann ordentlich angelegte Felder – ein landwirtschaftliches Entwicklungsprojekt, wie das Schild am Straßenrand verrät. Schulklassen im Freien unter schattigen Bäumen, zwei Konvois von Militärfahrzeugen – all das ein längst gewohntes Bild. Ziegen, Schafe, Autowracks, Müll und hier und da eine magere Kuh. Die Menschen blicken weg oder mürrisch zur Seite; kaum einer erwidert meinen Gruß.

An der Tankstelle fahre ich rechts, den Modjadji-Berg hinan, den das Grün phantastischer fransiger Farnpalmen krönt, die gleichfalls den Namen Modjadji tragen. Denn alles Lebendige heißt hier Modjadji, nach der Herrin über den Regen, der Herrscherin des Tages, der Herrin über Leben und Tod.

»Was lebt, hat längst den Tod gekannt / und doch kann, was tot ist, niemals sterben / denn im Kreislauf des Geistes ist Leben nichts und der Tod ist nichts. Ja, alle Dinge leben ewig/auch wenn sie gerade schlafen und vergessen sind« – schrieb Sir Henry Rider Haggart schon vor hundert Jahren in seinem romantischen Roman über die Regenkönigin »She«.

Die Legende wird in vielen Varianten erzählt: wie im 16. Jahrhundert eine Prinzessin namens Dzugudini aus dem Bokhalaka-Staate im späteren Rhodesien von ihrem Bruder ein Kind erwartete und aus Angst vor Strafe mit kleinem Gefolge über die Landesgrenzen nach Süden floh und heimlich die geheimen Zaubermittel des Regenmachens mit sich nahm. Im wunderschönen dunkelgrünen Flußtal des Molototsi ließ das kleine Volk sich nieder, legte Felder und Felsbauten an, machte Regen und mehrte sich.

Mehr als zweihundert Jahre später flüsterten die Ahnengeister dem gerade regierenden Oberhäuptling Mugado zu, daß seine Söhne ihm nach dem Leben trachteten. Kurz entschlossen tötete er sie. Er befahl seiner Tochter, seine Hütte zu teilen (angeblich auch dies im Auftrag der Ahnen), denn er wollte mit ihr für neuen Nachwuchs sorgen – für eine weibliche Thronfolgerin. Sollte jedoch ein Junge geboren werden, so sei dieser sofort zu erwürgen – zur Sicherstellung einer weiblichen Dynastie. Seiner geliebten Tochter verlieh Mugado den erblichen Namen Modjadji, was »Herrscherin des Tages« heißt.

Als Mugado starb, wurde Modjadji die Erste Königin. Fortan war sie in ihrem Kral »der Mann«. Sie konnte sich beliebig viele »Ehefrauen« nehmen, die für die Haus- und Hofhaltung verantwortlich waren. Als Väter ihrer Kinder wählte sie sich die schönsten und stärksten Männer aus, die unmittelbar nach der Begattung sterben mußten; ganz wie die Drohnen in einem Bienenstaat.

Schon bald verbreitete sich die Kunde von Modjadjis Kunst des Regenmachens im ganzen südlichen Afrika. Alle Herrscher der Region sandten ihr Geschenke und taten alles, sich mit dieser mächtigen Monarchin mit ihren in Afrika so unendlich wertvollen magischen Fähigkeiten gutzustellen. Während alle anderen Stämme darbten und immer wieder um die besten Weideplätze kämpften, lebten die ba-Lobedu (»die

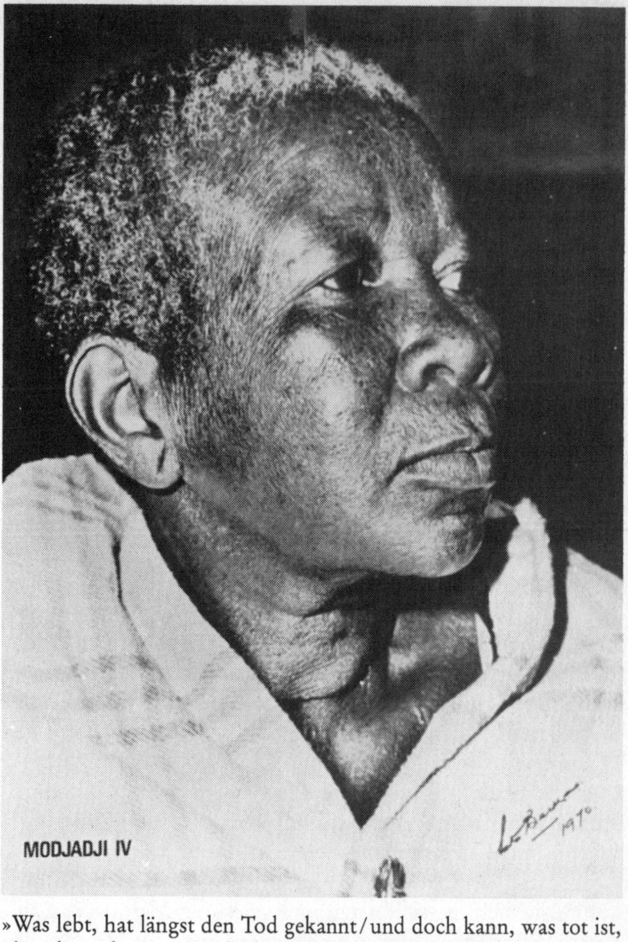

»Was lebt, hat längst den Tod gekannt/und doch kann, was tot ist, niemals sterben…« Modjadji IV., die alte Regenkönigin (Foto: The Star)

Menschen im Land üppiger Gaben«) in Frieden und Wohlstand.

Bis schließlich die Buren kamen. Von ihrem immergrünen Berg herunter beobachtete Modjadji (es muß jetzt schon die zweite oder dritte gewesen sein) argwöhnisch diese rotnasigen, gelbhaarigen Bauern, die ihren Grundbesitz immer rücksichtsloser auch in ihr Hoheitsgebiet hinein auszudehnen begannen. 1889 brach eine große Dürre aus. All die magischen Mächte der Modjadji versagten. Schuld daran konnten nur die weißen Fremdlinge sein, die deshalb schließlich von den Lobedu angegriffen wurden. Doch waren diese vom langen Frieden verwöhnt und schon von der Tradition her eher Pflanzer-Hirten als Krieger – abgesehen davon, daß ihre herkömmlichen Speere den Feuerwaffen der Europäer nicht gewachsen waren –, so daß sie sich bald wieder zurückziehen und unter die Fittiche ihrer Königin flüchten mußten.

Der Kommandant der Burentruppen befahl daraufhin der schwarzen Queen, ihre Kämpfer völlig zu entwaffnen und zum Zeichen der Unterwerfung dreihundert britische Pfund aus ihrem Staatssäckel zu bezahlen. Wütend schickte Modjadji ein Ochsenhorn voller Kupfermünzen. Der weiße Offizier, nun seinerseits erzürnt, warf das Kleingeld verächtlich in den Staub und forderte dreihundert Rinder. Sollte die Monarchin von ihrem Hochmut nicht lassen, dann werde er ihr kleines Reich zerstören, drohte er.

In ihrer Not betete Modjadji natürlich zu den Ahnen. Diese rieten ihr, eine Abordnung nach Pretoria zu schicken und mit Präsident Krüger persönlich zu verhandeln. Mit zwei Elefantenzähnen als Tribut zogen Modjadjis Unterhändler los. Ohm Krüger, der zeitlebens die Engländer weit mehr als die Schwarzen haßte, hörte ihnen großmütig-geduldig zu, reduzierte die Strafe um mehr als die Hälfte und befahl den Soldaten, die Regenkönigin künftig in Ruhe zu lassen. Mit ungeheuren Mengen frischgebrauten Hirsebiers feierte diese ihren Sieg. Und schon im folgenden Jahr 1891 kehrte der große Regen zurück.

Wie die Modjadji Regen macht, ist immer noch geheim. Ihre Zaubermittel bewahrt sie in irdenen Töpfen auf, die in einem abgelegenen Teil ihres Dorfes verborgen sind, zu dem nur wenige Frauen Zutritt haben. Zu den Ingredienzien zählen dem Vernehmen nach das Fett eines Ameisenbärs, Geschlechtsteile einer Kudu-Antilope, die roten Federn des Blitzvogels, etwas Meerwasser, schwarze und weiße Muscheln, verschiedene Würzelchen und Rinden sowie ein wenig von der Haut der zuletzt gestorbenen Königin.

Diese Zutaten – früher fügte man ihnen noch das Hirn eines Kleinkindes hinzu – werden in irdenen Regentöpfen kunstvoll zusammengebraut, während alle jungen Frauen des Dorfes fasten, tanzen und beten. Doch nicht minder wichtig scheinen magische Hörner zu sein, die auf dem Mutterboden stehen müssen, damit es richtig regnen kann, dann aber wieder aufgehängt werden, damit es keine Überschwemmung gibt und auch einmal wieder die Sonne scheint. In diesen Hörnern befindet sich eine andere Medizin, die, einmal angezündet, qualmend schwelt und brennt, so daß sich am Himmel schwarze Wolken bilden. Nicht zu vergessen die stattliche Herde verschieden großer Gomana-Trommeln, deren Klang bekanntlich den Regen ruft.

Bisweilen braucht die Modjadji zum Regenmachen weit länger als ein ganzes Jahr. Das ist – sagt sie selbst – der eigentliche Grund, warum nur Frauen für dieses Amt ausdauernd und stark genug sind: Während dieser Zeit intensiven Kontaktes mit den Badimong, den Ahnen, muß ein Regenmacher nämlich sexuell enthaltsam leben – »und was den Sex angeht, sind wir Frauen nun einmal das stärkere Geschlecht«.

Seit 1982 regiert Mokope Modjadji, die fünfte in der Folge der »Herrscher des Tages«, eine kraftstrotzende Endfünfzigerin. Ihr zweiter Sohn, Michael – ein gelernter Automechaniker –, führt die Verwaltung der Stammesgeschäfte (der älteste Sohn ist tot). Der Vater von Mokopes Kindern lebt, völlig bedeutungs-, ja namenlos, in einem nahen Nachbardorf. Doch weder er noch die Söhne werden umgebracht – soweit hat man sich modernen Zeiten angepaßt. Zum Schaden der Königin?

Eindeutig steht nämlich die Herrschaft der Modjadji V. unter keinem guten Stern: Seit ihrer Machtübernahme wird ganz Südafrika erneut von einer schweren Dürre heimgesucht. Während Fachwissenschaftler über Klimaperioden, über Sonnenflecken und sonstiges rätseln, liegt für die Regenkönigin die Ursache der Naturkatastrophe ohne jeden Zweifel fest: Die Ahnen sind wieder einmal böse auf die Menschen in ihrem Land, auf die Menschen in Modjadji und Pretoria. »Diese müssen endlich in sich gehen. Sie müssen ihre Fehler erkennen und sich zu bessern trachten. Allzuviel Böses geschieht in Südafrika und wird unschuldigen Menschen angetan. Die Schwarzen haben ihre Kultur vergessen und machen sich selber nach und nach kaputt, indem sie versuchen, nur noch wie Weiße zu leben. Alle unsere Führer – schwarze wie weiße – müssen sich jetzt endlich zusammensetzen und gemeinsam die Probleme dieses Landes zu lösen versuchen. Allzu viele Menschen weinen bittere Tränen. Solange sie weinen, kann es gar nicht regnen«, sagt die Modjadji selbst. Diese weisen Worte der Regenkönigin hat Morakile Shuenyane, der sich in Nordsotho mühelos mit ihr verständigen kann, unlängst für die »Schwarzen«-Illustrierte »Drum« aufgeschrieben.

Englisch oder Afrikaans spricht die Modjadji nicht. Europäische Besucher sind deshalb auf Übersetzer angewiesen, was die Verständigung erheblich limitiert. Früher, wenn man Glück hatte, war ihr Bruder Kelly da, der einigermaßen wahrheitsgetreu den Sinn ihrer Worte wiedergab. Kelly war Lehrer an der Dorfschule, die seit einer Generation auch die Kinder und Enkel der Königin besuchen. Sonst jedoch lebt die königliche Familie noch immer sehr für sich; abgeschieden von der Dorfgemeinschaft, die ihre Herrscherin überhaupt nur bei großen Festen zu Gesicht bekommt.

Das Dorf liegt still, wie ausgestorben. Nur ein paar Hühner scharren gackernd im Sand. Zwei, drei Kinder verkriechen sich kichernd hinter einem hohen Stapel Holz. Eine Frau, die offenbar zum Brunnen gehen wollte, kehrt wort- und grußlos wieder um. Von Touristen-Gruppen, Menschenmassen rund um das »tribal office«, von all dem erwarteten Rummel keine Spur. Auch das langgestreckte Verwaltungsgebäude scheint heute völlig leer zu stehen. Endlich, nach langem Klopfen und Rufen, tritt ein städtisch gekleideter, ja ausgesprochen eleganter junger Mann heraus. »Nein, Besuche bei der Regenkönigin sind nicht mehr gestattet – wie kommen Sie überhaupt hierher?« Der Vorsitzende des Dorfkomitees und der Stammesführer seien gemeinsam nach Pretoria gefahren und blieben sicher noch viele Tage fort. Ich insistiere: die weite Reise, Anmeldung durch das Hotel, Zusagen der »tribal authorities« und so fort. »Sie wissen wohl gar nicht, was hier vor sich geht?« fragt der schicke junge Funktionär schließlich einigermaßen nervös. »Fünf Halsbandmorde in nur wenigen Wochen – die Täter haben wir natürlich sofort aufgeknüpft. Aber jetzt schicken wir erst einmal vier zuverlässige Männer zu Schießkursen und zur Ausbildung als Wächter nach Pretoria. Zwei von ihnen werden dann immer bei der Modjadji sein. Mit Leuten wie Ihnen von der internationalen Presse wird die Königin aber auch dann bestimmt nicht sprechen dürfen...« Mit den Schuhen in der Hand verschwindet der Beamte schließlich kopfschüttelnd im schmalen Zugang zum königlichen Kral.

Was soll das alles heißen? Wer bewacht da wen? Hat die Modjadji etwa mit den jungen Revolutionären sympathisiert? Ich kann sie nicht fragen, ich spreche ihre Sprache nicht, ja, ich dringe gar nicht erst zu ihr vor. Alles, was ich an diesem Tag zu sehen bekomme, ist die hölzerne Umzäunung des Terrains, aus der die schönsten Schnitzereien längst herausgebrochen, von Touristen gestohlen oder von geldgierigen Häuptlingen an Sammler verkauft worden sind. Das ist der kreisförmige Platz mit kleinen Feuerstellen am Rande und einer häßlichen Straßenlaterne in der Mitte, auf dem das Zeremoniell des Regenmachens stattfinden mag. Das ist die königliche Gästehütte, in der, zwischen Plüschmöbeln und einem Fernsehapparat, eine stattlich-starke Frau mit ausgestreckten Beinen und unbewegtem Gesicht unbeweglich auf dem lehmigen Boden sitzt – die Thronfolgerin, Prinzessin Maria Modjadji, wie mir ein Halbwüchsiger zögernd erklärt. Das ist die Batterie leergetrunkener Biergefäße, die sich hinter der königlichen Hütte türmt. Und das ist vor allem jene unübersehbare, fast mit den Händen greifbare Angst, die alles und jeden erfüllt: die Angst dieser Menschen, die zwischen einer verlorenen Vergangenheit und einer noch nicht gewonnenen Zukunft schweben, über dem Abgrund einer Kluft von Jahrhunderten.

Wie Revolution gemacht wird

Dort, wo der Boden steinig wird, hört die Teerstraße auf. Zottelige Ziegen zupfen an den spärlichen Grasbüscheln herum, die hier den Sandweg säumen. Wir fahren noch einige Kilometer weiter geradeaus, dann biegen wir in Richtung einiger strohgedeckter Hütten ab. Schließlich halten wir vor einer Baracke aus Ziegeln und Wellblech an, die durch ein Schild als Sitz des Gemeinderates von Moutse 2 ausgewiesen wird.

Wäre »Chief« Tlokwe Mathebe, der Häuptling der Bantwane mit dem Kwena-Totem Krokodil, uns nicht vorangefahren, wir hätten den Weg hierher wohl kaum gefunden. Jetzt sagt er unseren Besuch bei einem greisen Ratsherrn an, der bei über vierzig Grad im Schatten einer Akazie döst. Wir werden in den Behelfsbau hineingebeten und zu wackeligen Stühlen auf einem schmalen Podium geführt. Allmählich füllt der Raum sich mit uralten Männern, die sich gemächlich auf rohen Bretterbänken niederlassen. Grelles Licht strömt durch Tür und Fenster herein. Es ist drückend heiß. Keiner spricht ein Wort.

Doch plötzlich geht ein Beben durch die gebeugten Körper der Alten. An ihren Knüppeln richten sie sich zitternd kerzengerade auf, die Blicke auf die offene Tür gerichtet. Dort herein tritt eine merkwürdige Gestalt: ein leuchtendblauer Turban über faltenreichem kaffeebraunem Gesicht, in dem zwei dunkle Augen wütend funkeln, darunter eine lichtblaue bestickte Seidenbluse, die von einer unförmigen grauen Männerjacke fast ganz verborgen wird – Ihre königliche Hoheit the Chieftainess. Ja, Mankgato Mashona, der Oberhäuptling der Mashona, ist eine Frau.

Eine Frau, der man hier mit so viel Respekt begegnet, daß selbst der mächtige Häuptling des Krokodils ihr seine Reverenz erweist? »Sie ist von königlichem Geblüt«, flüstert der Dorflehrer mir zu, »eine echte Mashona aus dem Königshaus im heutigen Zimbabwe. Ihr Vater war ein königlicher Prinz, und weil sie keinen Bruder hat, ist sie der Häuptling.«

»Nur über unsere Leichen wird Moutse ein Teil von kwaNdebele«, erklärt unterdessen der Erste Berater der Stammesführerin, der in ihrem Namen spricht. »Diese Ndebeles sind gewalttätige Menschen – wie ihre Brüder, die Zulus. Wir aber wollen in Frieden leben. Wir sind keine Krieger, sondern Hirten und Pflanzer. Unsere Führer sind keine Analphabeten wie Chiefminister Simon Skosana, der künftige Präsident von kwaNdebele, der nicht einmal seinen eigenen Namen schreiben kann. Wir haben Angst vor den Stammesgerichten der Ndebeles mit ihren brutalen Prügelstrafen. Wir wollen ihre Sprache nicht sprechen, ihre Götter nicht verehren, ihre Sitten nicht befolgen, unsere Kinder nicht beschneiden... Die Regierung in Pretoria hat immer wieder gesagt, alle Völker Südafrikas sollten sich getrennt entwickeln und jeweils ihre eigenen Traditionen pflegen dürfen. Wenn es jedoch in deren Programm gerade paßt, dann gilt das alles plötzlich nicht mehr. Botha sagt, keine Bevölkerungsgruppe dürfe eine andere dominieren, wir aber sollen uns diesen Ndebeles unterwerfen, nur weil Botha mit seinen verrückten Homelandideen kwaNdebele geschaffen hat, ein Homeland aus dem Nichts. Diese weiße Regierung will wohl erreichen, daß wir Schwarzen alle einander töten...«

Mankgato Mashona starrt eisern vor sich hin, auf das karierte Wachstuch auf dem vor ihr stehenden Tisch. Als ihr Erster Berater geendet hat, bestätigt sie seine Worte knapp mit einem kurzen, energischen »Ee«.

Wir bitten darum, die Geschichte des Stammes hören zu dürfen, die nirgends aufgeschrieben ist. Mit ausgestrecktem Zeigefinger deutet die Chieftainess auf den greisesten Methusalem im Raum. »Ich bin zu alt«, wehrt dieser ab, »mein Gedächtnis läßt nach, laßt Abraham erzählen.« Und Abraham erzählt: »Um das Jahr 1700 herum, sagen unsere Väter, sind wir aus dem hohen Norden hierhergekommen, in die Gegend des heutigen Pretoria. 1925 hat die Gier des weißen Mannes uns von dort vertrieben und hierher verpflanzt. Die Ndebeles aber mit ihrem ewigen Krieg sind erst vor etwas über hundert Jahren in unser Land gekommen. Sie waren hier immer unsere Gäste, jetzt auf einmal sollen wir ihre Untertanen sein. Nicht ein einziges Mitglied unserer Gemeinschaft will von diesen primitiven und brutalen Menschen regiert werden.«

Und wieder bestätigt die Chieftainess die Aussage mit ihrem knappen »Ee«.

Zunächst war das (nach Regierungsangaben) 66000 Hektar große, dreiteilige Gebiet mit seinen 120000 Menschen dem Homeland der »Pedi« (Nord-Sothos), Lebowa, zugeschlagen worden. Als die Regierung von Lebowa sich jedoch standhaft weigerte, die ihm von Pretoria aufgedrängte staatliche »Unabhängigkeit« anzunehmen, wurde Moutse wieder herausgeschnitten und den Ndebeles angeboten, die allerhöchstens ein Viertel der Bevölkerung stellen. Den Pedis in Moutse aber wurde anempfohlen, freiwillig in einen anderen Teil Lebowas umzuziehen. Sie weigerten sich.

Ende November 1985 begannen Ndebele-Polizisten ungeniert in Moutse zu operieren, als wären sie dort zu Haus. Nachts sammelten sie junge Männer ein, von denen bekannt war, daß sie die Landübergabe ablehnten, schlugen sie zusammen und sperrten sie bis zum Morgengrauen ein. Auch der Druck auf die Inhaber kleiner Geschäfte nahm ständig zu. Immer mehr Polizei und Militär suchte die früher so friedliche Gegend heim. »Ich sehe schon, die Regierung wird uns mit Waffen kommen, wenn wir nicht freiwillig tun, was sie will«, sagte der Besitzer eines Gemüseladens. »Wir aber müssen mit bloßen Händen kämpfen.« Ein junger Automechaniker fügte hinzu: »Wir sind überwiegend konservative Menschen in dieser Gegend – die Regierung zwingt uns zur Revolution.«

Wenige Tage später erschien ein Vertreter des Ministeriums für Erziehung und Ausbildung der Schwarzen in Moutse, versammelte die Lehrer und befahl ihnen, ein mitgebrachtes Formblatt auszufüllen: Wenn das neue Schuljahr beginnt, sollen sie demnach Beamte von kwaNdebele sein, die in der Grundschule künftig statt auf Sotho auf Ndebele lehren und in der Oberstufe nicht mehr in Englisch, sondern in Afrikaans. Die Lehrer lehnten zunächst einmal ab. Unbeeindruckt gab der Minister für Verfassung und Planung, Heunis, bekannt, Moutse werde in Zukunft zu kwaNdebele gehören. Wem das nicht passe, der könne jederzeit mit Hilfe der Regierung nach Immerpan, einer entlegenen, wasserarmen Gegend von Lebowa, übersiedeln. Genau dorthin hatte man schon vier Jahre zuvor die 120000 Menschen von Moutse deportieren wollen, war jedoch an deren Starrsinn gescheitert. Seit dem 1. Februar 1985 ist aktenkundig, daß Pretoria derartige Umsiedlungen nicht mehr gewaltsam gegen den Willen der Bevölkerung durchsetzen will, weil das dem Ansehen Südafrikas in der Welt allzusehr geschadet hat.

»Sind Landeinverleibungen nach dem Moutse-Muster jetzt das Alternativprogramm?« fragte Maredi Chueu, einer der beiden Abgeordneten von Moutse im Lebowa-Parlament, bei einer friedlichen Protestversammlung von mehr als tausend Menschen in einem Schulhof von Moutse 3. »Südafrika fürchtet zur Zeit aus wirtschaftlichen Gründen internationales Aufsehen sehr. Der Staatspräsident hat uns deshalb höchstpersönlich gebeten, keinen großen Lärm über diesen Fall zu machen. Wir aber halten es für unsere Pflicht, so laut wie irgend möglich zu schreien«, brüllte er ins Mikrophon.

Schon am nächsten Tag kam es zu ersten Szenen der Gewalt: Jugendliche jagten mit Steinen ein Polizeiauto davon, Verstärkung rückte mit Panzerfahrzeugen heran, mehr als zwei Stunden lang wurde mit Tränengas geschossen. Bald wurden zwei südafrikanische Journalisten, die für eine amerikanische Gesellschaft arbeiten, und wenigstens vierzehn Jugendliche festgenommen. Und schließlich wurden von regulären Sicherheitstruppen Straßensperren aufgebaut, und dann war Moutse monatelang abgeriegelt und isoliert. Niemand weiß, wie viele Menschen in dieser Zeit ums Leben kamen.

Die Regierung scheine die Absicht zu haben, den Gewaltkonflikt in Südafrika nicht etwa einzudämmen, sondern immer weiter auszudehnen, erklärte John Kane-Berman, der Vorsitzende des regierungskritischen Institutes für Rassenbeziehungen in Johannesburg. »Pretoria scheint entschlossen zu sein, die Bewohner von Moutse an kwaNdebele auszuliefern, trotz überzeugender Beweise, daß die Mehrheit der Bevölkerung dagegen ist... sich im gegenwärtigen Klima Südafrikas so zu verhalten, ist in höchstem Maße verantwortungslos.«

»Für die königliche Stammesherrin Mankgato Mashona ist schon die bloße Vorstellung unerträglich, einem Ndebele untertan zu sein«, erklärt ihr Erster Berater sichtlich empört. »Zumal in kwaNdebele Frauen nicht einmal ein Stimmrecht haben.« »Ee.« »Man kann unseren Oberhäuptling doch nicht einfach entmündigen.« »Ee.« »Dero Chieftainess sind ungehalten.« »Ee.« »Ihre königliche Hoheit sind sehr zornig.« »Ee.« »Unsere große Herrscherin, Mankgato Mashona, ist einfach sprachlos vor Wut.«

Nomsas Geschichte

Anfang 1983 fuhr ich mit einem europäischen Gast durchs Land. In der Nähe von Durban besuchten wir, in Begleitung lokaler Sozialarbeiter, Inanda, eine damals noch illegale Siedlung von etwa 300000 »squatters« (Arbeitsuchende ohne Zuzugsgenehmigung, die hier ihre Notquartiere aufschlugen), welche überwiegend Zulus waren. Erst nachdem im Vorjahr eine Choleraepidemie ausgebrochen war, hatte die Provinzregierung sich bereit gefunden, täglich frisches Wasser in Tankwagen an den Rand dieses weit ausgedehnten Slumgebietes heranzubringen – darüber hinaus war keinerlei Ver- oder Entsorgung für diese vielen Menschen vorgesehen.

Das Elend von Inanda wahrheitsgemäß zu beschreiben, hätte unvermeidlich wie einseitige anti-südafrikanische Propaganda gewirkt; außerdem war unser Besuch dort illegal, so daß wir schließlich ganz darüber schwiegen. Doch der Mut einiger Frauen, mit denen wir in Inanda sprachen, hatte so tiefen Eindruck hinterlassen, daß das Erlebnis unvergeßlich blieb.

Mehrere Monate später kam, unter dem Titel »Women's Lip« (also Lippe und nicht Liberation) in Johannesburg eine Zeitschrift heraus, in der Nomsas Geschichte stand. Der Ort der Handlung konnte einfach nur Inanda sein. Schnell war – mit Hilfe des Verlags – die Autorin, June Cope, kontaktiert, die sofort ihre Einwilligung zur Übersetzung gab. Nomsas Geschichte erschien im Oktober 1983, durch ein Photo aus Inanda illustriert, in der Beilage der »Frankfurter Allgemeinen Zeitung«.

Natürlich erhielt die medizinische Sozialarbeiterin June Cope ein Belegexemplar, woraufhin sie mir in einem reizenden Brief unter anderem schrieb: »Hatte ich Ihnen denn überhaupt gesagt, daß ›Nomsa‹ in Inanda lebt? Oder war das eine göttliche Eingebung? Wie dem auch sei – sie lebt dort, und das Photo hätte sie sein können, und es zeigt ihre Umgebung ganz genau. Ich gratuliere...«

Dieser Brief gibt mir den Mut, Nomsa hier noch einmal zu Wort kommen zu lassen, zumal ihre Geschichte an Wahrheitsgehalt in den dazwischenliegenden Monaten wohl kaum verloren hat.

Nomsas Geschichte

Ich bin seit vierzehn Jahren verheiratet. Zuerst lebten wir ungefähr zwanzig Kilometer von hier, doch dann mußten wir umziehen. So sind wir hierhergekommen, in dieses Zimmer. Philemon, Eric, Dudu, Tandi und Maria schlafen auf dem Boden unterm Tisch und neben der Tür. Sipho, unser Jüngster, das Baby, schläft mit meinem Mann und mir im Bett.

Aber Sie wissen ja, wie das ist, so zu leben. Die Kinder kriegen so manches mit.

Seit es hier so eine böse Krankheit gab, kommen die Wassertransporte jeden Tag, und jeden Morgen gehen die Kinder mit einem Eimer Wasser holen. Einige Frauen sind ungeduldig, wenn das Lastauto kommt. Sie klettern rauf und tauchen ihre Gefäße ins Wasser und machen es schmutzig.

Die Hühner gehören uns; und die Nüsse auf dem Dach auch. Die haben wir dies Jahr gezogen. Und die Kinder können in dem Baum spielen. Sie sind glücklich – sie sind halt Kinder. Aber uns sagt man, daß das alles weg muß und daß wir weiterziehen müssen. Wir wissen nicht, wohin sie uns bringen werden. Ich würde gerne in Umlazi leben, aber ich glaube nicht, daß wir soviel Glück haben werden.

Ich weiß nicht, wieviel Geld mein Mann verdient. Er sagt, das ist keine Weibersache. Er arbeitet im Straßenbau. Das ist harte Arbeit, und wenn er nach Hause kommt, ist er müde. Er gibt mir etwas Geld, aber es ist jeden Tag schwer, die Kinder in die Schule zu schicken. Das kostet zu viel.

Vor vier Jahren bin ich in die Klinik gegangen. Meinem Mann habe ich das nicht erzählt, denn ich wußte, er würde böse sein, aber seit damals kommen keine Kinder mehr, und ich habe jetzt Arbeit. Einen Tag in der Woche gehe ich nach Durban zum Waschen und Bügeln. Das hilft bei der Anschaffung von Kleidern und Büchern für die Kinder.

Meine Kinder sollen so aufwachsen, daß sie den guten Weg kennen. Den rechten Weg. Jeden Sonntag gehen wir in die katholische Kirche da drüben, und die größeren Kinder gehen in die Schule. Sie müssen viel lernen, es sind gute Kinder.

Diese kleine Wasserträgerin in der »squatter township« Inanda bei Durban könnte Nomsas Tochter Maria sein
(Foto: Dorothea Razumovsky)

Maria, meine Älteste, ist dreizehn und in der achten Klasse. Sie will Sozialarbeiterin werden.

Aber gerade wegen Maria war mein Herz so schwer in den vergangenen Wochen. Als sie spät vom Spielen zurückkam an jenem Abend, hat mein Mann sie verdroschen. Er ist ein sehr starker Mann, und er war wütend. Ich war still, denn ich hatte Angst vor ihm in seiner Wut. Und auch ich kenne diese Jungen, die nicht in die Schule gehen und nichts als Ärger machen.

Am nächsten Tag brachte ich Maria in die gleiche Mtholampilo-Klinik. Aber dort wollte man ihr die Pille nicht geben. Die sagten zu mir, daß sie zu jung ist. Und dann blieb im vorigen Monat ihre Periode aus. Ich war so besorgt, daß ich nicht essen konnte. Meinem Mann konnte ich nichts sagen. Jede Nacht lag ich im Bett neben ihm, aber ich konnte nicht schlafen. Jeden Tag war es wie Hammerschläge, hier in meinem Kopf. Drei Wochen lang war das so, ich war so in Sorge.

Eines Tages, als ich für Frau Peters bügelte, fragte sie mich, was denn los sei. Und da erzählte ich es ihr. Frau Peters ist ein guter Mensch. Sie kannte schon meine Mutter, und ich kenne sie, seit ich ein Kind war. Wir sprachen über die schreckliche Geschichte, und dann sagte Frau Peters, daß sie jemand kennt, der uns vielleicht helfen kann. Sie ging also zu ihrem Telefon in ihrem Wohnzimmer und sprach mit einer Dame in Pinetown, die die Gesetze kennt. Die sagte, daß wir kommen und mit ihr reden sollten.

Am nächsten Tag nahm ich Maria aus der Schule, und gemeinsam fuhren wir mit dem Bus zu Frau Peters' Haus. Sie fuhr uns in ihrem Auto nach Pinetown zu ihrer Freundin. Ich glaube, die muß Sozialarbeiterin sein, so wie sie mit uns gesprochen hat und versucht hat, uns zu helfen. Diesen Tag in Pinetown werde ich nie vergessen, weil die Sozialarbeiter-Dame sich gekümmert hat und ich so dankbar war.

Sie gab uns Tee zu trinken, aber als sie das Gesetz erklärt hat, da zog sich mein Magen zusammen. Doch ich fühlte mich nicht mehr so allein, weil diese Leute bei mir waren in meiner Not. Und die Sozialarbeiter-Dame sprach so lieb mit Maria und schien sicher zu sein, daß irgendein Arzt meinem Kind helfen würde, denn, so sagte sie, da gibt es einige, die offen über das schlechte Gesetz reden. In derselben Woche erst, sagte sie, war ein Doktor aus meinem Volk bei ihr gewesen und hatte dort gesessen, wo wir jetzt saßen, und hatte darüber geweint, daß in seinem Krankenhaus die Abteilungen voll sind von Frauen, die krank sind durch die Behandlung von diesen »Tantchen«.

»Wir müssen da was machen«, hatte er zu ihr gesagt.

Ich wußte, daß dieser Mann, wenn er so traurig über das Gesetz war, sicher Maria helfen würde. Und das Hämmern in meinem Kopf ließ nach. So saßen wir da, während sie in seinem Krankenhaus anrief und mit ihm über Maria sprach, darüber, daß sie noch ein Kind ist. Aber wie sie da so redeten, konnte ich hören, daß er wieder Angst vor dem Gesetz bekommen hatte und alles, was er gesagt hatte, vergessen haben wollte. »Ich überlasse das ganz Ihnen«, sagte er zu der Sozialarbeiter-Dame.

Und ich konnte sehen, wie enttäuscht sie war. Lange blickte sie aus dem Fenster, und dann wandte sie sich um und sah uns an. Sie erzählte uns von einem Treffen von christlichen Ärzten erst vor drei Wochen in Durban und daß bei diesem Treffen sogar diese gesagt hätten, daß das Gesetz zu hart ist und daß sie gar nicht mögen, was das Gesetz den Frauen antut. Sicher würden die so einem jungen Mädchen helfen.

Sie telephonierte also wieder mit dem Krankenhaus, um mit diesen Ärzten zu sprechen, und redete lange mit ihnen über Maria. Und sie sagten, sie würden wieder anrufen.

Wir warteten also, und sie riefen zurück. »Sagen Sie Marias Mutter, sie soll sagen, daß Maria vergewaltigt worden ist, und dann kann sie ins Krankenhaus kommen, und wir können ihr helfen.« Das rieten sie ihr, mir zu sagen.

Aber wie hätte ich das sagen können? Ich kann meinem Kind doch nicht das Lügen beibringen. Und als ich das Frau Peters und ihrer Freundin erklärte, verstanden sie es und waren freundlich.

»Du hast recht, Nomsa«, sagten sie zu mir. Und Frau Peters' Freundin, die die Gesetze kennt, sagte: »Und das würde sowieso nichts nutzen – die irren sich. Das Gesetz ist gar nicht so.«

Ich konnte sehen, daß sie aufgebracht war, sogar böse auf die Ärzte, und daß sie mir immer noch helfen wollte. »Es ist besser, wenn du Südafrika verläßt und in ein Land gehst, wo Ärzte sind, die Maria helfen.« Sie sagte, daß sie Geld für die Reise finden würde. Und die Ärzte würden kein Geld für ihre Arbeit wollen.

Aber ich sagte: »Was kann ich Mkize sagen? Er darf von dem ganzen Ärger nichts erfahren.« Und sie verstand schon wieder, denn Mkize muß unterschreiben, bevor ich Papiere bekommen kann für den langen Weg zu einem Land, in dem die Ärzte Maria helfen würden.

Und dann erzählte ich ihr und Frau Peters von meiner Freundin, die Krankenschwester ist und für einen Doktor arbeitet. Sie wird nicht ordentlich bezahlt, und für vierzig Rand hilft sie Frauen. Und ich dankte für ihren Versuch, mir zu helfen, und sagte, daß es wohl besser wäre, jetzt nach Hause zu gehen und mit meiner Freundin zu sprechen.

Und die Sozialarbeiter-Dame in Pinetown sagte: »Ja, ich glaube, das ist im Moment alles, was du tun kannst.« Aber sie war immer noch besorgt, und während Maria und ich an der Tür standen und warteten, rief sie noch zwei Ärzte an und sagte ihnen, daß ein Kind Medizin braucht, um es vor Infektion zu schützen. Aber sobald sie hörten, daß mein Kind zu einem »Tantchen« gehen würde und daß das der Grund war, warum die Medizin gebraucht wurde, da lehnten sie es ab, weil sie nicht wollten, daß es bekannt würde, daß sie von solchen Dingen wußten.

Und so ging ich denn nach Hause.

Am Freitag brachte ich Maria zu der Krankenschwester. Als die sie anfaßte, schrie Maria, daß der Schmerz aufhören soll. Ich zahlte der Schwester vierzig Rand, doch sobald ich nach Hause kam, nahm ich das Ding raus, das sie in Maria reingesteckt hatte, denn ich hatte Angst um mein Kind.

In der Nacht weinte sie. Am nächsten Tag blutete sie, und das Hämmern in meinem Kopf hörte allmählich auf. Aber am Sonntag wurde die Blutung sehr schlimm, und ich hatte Angst. Und die ganze Nacht über lag Maria auf dem kalten Boden neben ihren Brüdern und Schwestern und weinte vor Schmerz.

Am Montag verließ ich mein Haus frühmorgens und lief schnell den Berg hinunter zu Achmeds Geschäft und fragte, ob ich das Telephon benutzen dürfte. Ich sagte ihnen, daß Maria sehr krank sei, da ließen sie alles stehen und liegen und halfen mir, Frau Peters anzurufen.

Sie sprach sehr energisch mit mir: »Bring Maria schnell zum Krankenhaus«, sagte sie, »ich werde dort sein.«

Ich rannte den Berg hinauf und befahl Philemon, meinem ältesten Sohn, auf seine Brüder und Schwestern aufzupassen nach der Schule, weil Maria nicht zu Hause sein würde. Und ich nahm Maria an der Hand, und zusammen gingen wir langsam zur Bushaltestelle neben dem Geschäft. Ich hob mein Kind in den Bus hinein, und bei jeder Erschütterung auf den unebenen Straßen preßte sie sich an mich, und sie hielt sich an mir fest, als die Leute uns stießen im Gedränge beim Aussteigen in Durban. Aber dann wurde sie zu müde, und ich trug sie über den Busbahnhof bis zu Nummer 16, wo der Bus steht, der einen zum Krankenhaus bringt.

Als wir dort ankamen, setzten wir uns draußen hin und warteten auf Frau Peters. Davor war ich schon einmal dort gewesen, als meine Schwester so schwer krank war. Das Krankenhaus ist so groß. Den ganzen Tag hielt ich nach Frau Peters Ausschau, denn ohne sie traute ich mich nicht hinein. Ich wartete bis zum frühen Abend und schaute nach ihr, aber ich sah sie nie. Und deshalb brachte ich Maria nach Hause.

Aber in dieser Nacht hörte ihr Weinen überhaupt nicht auf, und ihre Decke war naß von ihrem heißen Körper. Und Mkize fragte mich nach dem Grund ihrer Krankheit, und ich konnte es ihm nicht sagen.

Am nächsten Morgen, als das Gras noch naß war, wartete ich schon vor Achmeds Laden. Sobald der geöffnet war, bat ich wieder, das Telephon benutzen zu dürfen, und sprach mit Frau Peters. Sie war so froh, meine Stimme zu hören. Sie erzählte mir, wie auch sie nach mir gesucht hätte beim Krankenhaus und mich nicht finden konnte. Als sie so zu mir sprach, weinte ich.

Sie sprach schnell auf mich ein. Sie sagte: »Wir dürfen nicht noch mehr Zeit verlieren, Nomsa. Bring Maria zu mir, und ich werde sie in meinem Auto zum Krankenhaus fahren. Komm schnell.«

Ich lief zurück den Berg hinauf und nahm Maria in meine Arme und trug sie wieder zur Bushaltestelle neben dem Geschäft. Solange ich wartete, betete ich zu Jesus für mein Kind, denn die Hämmer schlugen wieder auf meinen Kopf ein, und ich wußte, daß sie sterbenskrank war.

Im Bus bewegte sich Maria diesmal nicht in meinen Armen. Ich weiß nichts mehr über diese Fahrt, denn die ganze Zeit hielt ich mein Kind fest und betete und überantwortete es dem Herrn.

Aber als diesmal der Bus anhielt, da sah ich Frau Peters. Mit ihr fühlte ich mich sicher genug, ins Krankenhaus hineinzugehen mit meinem Kind. Frau Peters konnte nicht lange bleiben, weil sie zur Arbeit zurück mußte, aber sie blieb so lange, mir zu helfen.

Als die Ärzte kamen, sahen sie Maria an und brachten sie schnell weg. Sie sagten, daß sie operiert werden und im Krankenhaus schlafen muß, und sie fragten mich die ganze Zeit: »Wer hat das mit deiner Tochter gemacht?«, und ich sagte nichts, denn ich wollte nicht, daß meine Freundin Ärger kriegt.

Ich durfte Maria sehen, bevor ich nach Hause ging, um Mkize alles zu sagen. Sie lag in einem Bett. In einem eigenen Bett. In der Krankenstation waren viele ältere Frauen. Aber sie lag für sich in einer Ecke, mit vielen Schläuchen aus ihr heraus.

Und dann ging ich nach Hause und rief meine Kinder. Und ich wartete auf Mkize.

Wir ließen Maria im Krankenhaus, in der Obhut der Ärzte, und warteten auf eine Nachricht.

Maria sagt, daß die Ärzte sehr nett waren und daß die Sozialarbeiter-Dame aus Pinetown sie besucht hat, und das hat sie sehr glücklich gemacht. Aber sie war einsam. Niemand sprach mit ihr, sagt sie, bis auf ein Mal, als eine Schwester kam, um ihr das seltsame Ding zu zeigen, das aus ihr herausgekommen war, was ihr Angst gemacht hat, so daß sie weinen mußte.

Ich dachte, sie würde sterben. Ehrlich, das dachte ich. Aber sie kam wieder heim und ist wieder stark und gesund. Schauen Sie, wie sie im Baum spielt. Und sie lernt tüchtig in ihrer Schule. Sie will so gerne Sozialarbeiterin werden. Und sie sagt, daß sie nie wieder so Sachen machen will – der Schmerz war einfach zu schrecklich. Den Schmerz will sie nie wieder.

Hippokratin und Hypokrit

Im November 1985 wurde eine Kandidatin von der überwältigenden Mehrheit der Leser der auflagenstärksten Johannesburger Abendzeitung »The Star« zur »Frau des Jahres« gewählt, von der kurz zuvor noch niemand auch nur gehört hatte. Ja sogar die Regeln dieser Auszeichnung hatten eigens geändert werden müssen, damit sie überhaupt kandidieren konnte. Ein junger Mann aus Soweto sandte nach Meinung der Herausgeber die einleuchtendste Begründung für diese ungewöhnliche Entscheidung ein, indem er schrieb: »Sie ist eine mutige Person mit hohen Idealen. Sie hat großen Respekt für ihren Beruf gezeigt und großen Einsatz für ihre Aufgaben. Darüber hinaus hat sie sich wie ein perfekter Mensch benommen.« Viele andere Leser hatten sich ähnlich enthusiastisch ausgedrückt, und das Wort »Zivilcourage« kam häufig vor.

All dieses Lob galt einer erst fünfundzwanzig Jahre jungen Ärztin, die selber nicht recht wußte, wie ihr da geschah. Als staatliche Stipendiatin hatte sie auf Staatskosten Medizin studieren dürfen und sich deshalb zu drei Jahren Staatsdienst nach ihrem Studienabschluß verpflichten müssen. Im Januar des gleichen Jahres war sie also dem Büro des Kreisamtsarztes von Port Elizabeth zugeteilt worden. Ihre Vorgesetzten dort waren zufällig zwei besonders umstrittene Mediziner, die erst später von der Ärztekammer wegen ihres eklatanten Fehlverhaltens im Falle des schon 1977 im Polizeigewahrsam umgekommenen Bürgerrechtlers Steve Biko aufs schärfste verwarnt werden sollten. Ab dem ersten August – also zehn Tage nach Ausrufung des Ausnahmezustandes – wurde der blutjungen Gesundheitsbeamtin als erste größere Aufgabe die Verantwortung für das Wohl von hunderten schwarzer Häftlinge in zwei Gefängnissen im Gebiet von Port Elizabeth übergeben. Sie hatte diese (durchschnittlich zwanzig am Tag) bei der Aufnahme zu untersuchen und dann alle weiterhin regelmäßig zu betreuen.

Die frischgebackene Dr. med. Wendy Orr nahm ihre Verantwortung ernst. Bald sah sie, daß Beschwerden der politischen Gefangenen wegen Mißhandlung durch die Polizei nicht ordnungsgemäß weitergeleitet wurden, sondern im Papierkorb landeten. 153 Fälle von Körperverletzung, deren Folgen sie mit eigenen Augen sah, konnten unmöglich auf rechtmäßige Weise entstanden sein: zerschlagene Trommelfelle, Brüche, Verbrennungen. »Bald war mir klar, daß die Häftlinge systematisch gefoltert wurden«, erinnert sie sich.

Eine ganze Weile schlug sich die junge Medizinerin, unerfahren wie sie war, mit diesem Problem herum. Sie sammelte unterdessen Bescheinigungen, Belege und Zeugenaussagen, und schließlich ging sie, am 25. September 1985, mit einem dicken Paket von Anzeigen gegen den Polizeiminister und zwölf seiner Beamten als Hauptklägerin neben 43 Nebenklägern vor Gericht. »Ich mußte einfach irgend etwas unternehmen, um Menschen zu helfen, die sich unmöglich selbst helfen konnten«, sagte die überaus bescheidene Tochter eines Presbyter-Priesters später schlicht. »Andernfalls hätte ich meine eigenen Vorstellungen von Moral und Berufsethos verraten müssen.«

Das Gericht gab ihrem Dringlichkeitsantrag statt und befahl der Polizei, künftig bei Verhören auf körperliche Mißhandlung zu verzichten. Die Folge war eine ganze Kette ähnlicher Gerichtsbeschlüsse landesweit.

Wendy Orr wurde mit Dankesbriefen und Glückwünschen nur so überschüttet; Telephonanrufe erreichten sie aus aller Welt. Die Wochenzeitung für Schwarze rund um Johannesburg, »City Press«, schrieb in einem begeisterten Kommentar: »Südafrikaner – vor allem schwarze Südafrikaner schulden Dr. Wendy Orr das höchste Maß an Dank... Wir haben immer schon gesagt, daß die Notstandsgesetze und das Arsenal an Sicherheitsgesetzen, das es ermöglicht, daß Menschen einfach so im Gefängnis verschwinden, in den Händen der Polizei zu einer schrecklichen Versuchung werden müssen... Die einzige Möglichkeit, deren Mißbrauch zu unterbinden, wäre die Rückkehr zu einem funktionierenden, zivilisierten Rechtssystem... Ohne den Mut einer Dr. Orr wüßten wir kaum noch, was hinter diesen finsteren Mauern geschieht. Wir hoffen, daß alle ihre Kollegen ihrem Beispiel folgen werden und sich dabei genauso mutig erweisen wie sie.«

»Sie hat sich wie ein perfekter Mensch benommen« – die junge Ärztin Wendy Orr (Foto: The Star)

Die Kollegen beim Kreisgesundheitsamt von Port Elizabeth jedoch waren alles andere als stolz auf sie. Zunächst sprachen sie nicht mehr mit ihr. Dann aber verlangten sie ihre sofortige Versetzung, weil sie gegen das Ärztegeheimnis und die gängigen Gepflogenheiten der Behörde verstoßen habe. Und das, ohne ihre Vorgesetzten um Erlaubnis zu fragen! Bald durfte Wendy Orr nur noch halbtags in einem Altersheim arbeiten, obwohl gerade in der Gegend von Port Elizabeth großer Ärztemangel herrscht.

Daraufhin wuchs die Wut der Bevölkerung. Der liberale Abgeordnete Marius Barnard, ein Bruder des berühmten Herzchirurgen und selber Arzt, sprach vielen aus der Seele, als er sich schließlich öffentlich empörte: »Es ist eine Schande, wie man diese Frau behandelt. So ist das Problem doch nun keinesfalls zu lösen.« Und über 250 prominente Frauen – so unterschiedlich wie die Frau des Bergbaumagnaten Harry Oppenheimer und die schwarze Gewerkschaftsführerin Lucy Mvubelo, die Salonjournalistin Madeleine van Biljon oder die Bürgerrechtskämpferin Audrey Coleman – gaben gemeinsam eine schriftliche Erklärung heraus: »Als anteilnehmende Frauen wollen wir Dr. Wendy Orr in ihrer mutigen Initiative unterstützen, die zu einem Beschluß des Obersten Gerichtshofs von Port Elizabeth geführt hat, der die Polizei dort davon abhält, politische Häftlinge zu mißhandeln«, steht in dieser Streitschrift. »Die gleiche Anteilnahme veranlaßt uns, die Freilassung aller politischen Häftlinge, das Ende jeglicher Haft ohne Gerichtsurteil, das Ende aller Rassendiskriminierung und die Errichtung einer gerechten sozialen Ordnung zu fordern, in der alle Bewohner Südafrikas die Herrschaft des Rechtes genießen können...«

In einer schriftlichen Erklärung seinerseits gab der Polizeiminister am 26. Oktober bekannt, er habe volles Vertrauen in seine Polizei – doch wenn diese, was die Behandlung von Häftlingen betrifft, seinen Anweisungen zuwiderhandeln sollte, dann werde er nicht zögern, einzuschreiten. Natürlich geschah daraufhin nichts. Doch schon eine Woche später veröffentlichte die Regierungszeitung ein neues Gesetz, das rückwirkend von genau diesem 26. Oktober an alle Staatsdiener für alle Straftaten straffrei stellte, die diese während der Ausübung ihrer Pflichten im Rahmen der Sicherheitsgesetze

»in gutem Glauben« begingen. Damals waren schon mehr als 2000 politische Häftlinge eingesperrt – die Mehrzahl noch minderjährig. Wie »City Press« diesmal kommentierte, standen von nun an die »Cops« über dem Recht.

Und nicht nur Wendy Orr hatte eine schwere Zeit. Die Weihnachtstage waren alles andere als heilig und still. Unausgesetzt klingelte bei ihr das Telephon: Sie wurde belästigt, beschimpft und geschmäht und schließlich gar mit dem Tode bedroht. Daraufhin sah sie sich gezwungen, ihre Adresse zu ändern, eine geheime Telephonnummer zu beantragen und am Ende gar ihren Posten aufzukündigen. Sie bewarb sich um eine Stelle am Krankenhaus von Alexandra – einer besonders elenden Township für Schwarze im Nordosten der Goldgräberstadt –, die von der Universitätsklinik von Johannesburg ausgeschrieben worden war. Unter vierzig Kandidaten traf die Wahl auf sie. »Jetzt war ich schon eine lange Zeit sehr unglücklich gewesen, und die Todesdrohungen hatten natürlich dazu beigetragen«, sagte sie damals, als sie in Johannesburg eintraf. Doch sollte sie auch Grund zur Freude haben: Eine Gruppe von Privatleuten in Kapstadt hatte sich zusammengetan, um Vater Staat die 5000 Rand zurückzuzahlen, die seine unfolgsame Tochter Wendy ihm noch schuldete. Aber in »Alex« kam sie dann mitten in die schwersten Auseinandersetzungen um die politische Zukunft der Schwarzen hinein.

Erst im Februar 1986 reagierte die südafrikanische Polizei offiziell auf den Gerichtsfall vom vergangenen September. Mit einem siebenhundert Seiten langen Dokument wies sie alle Anschuldigungen als »vage und unbegründet oder völlig unbewiesen« zurück. Doch das Gericht beharrte auf dem Verbot von Mißhandlungen. Das Verfahren wurde erneut hinausgeschoben; diesmal auf den 17. Juni, unmittelbar nach dem zehnten Jahrestag der ersten großen Unruhen von Soweto. Da herrschte dann längst wieder ein neuer, diesmal landesweiter Ausnahmezustand.

Wendys Zeugen hatten sich inzwischen zurückgezogen oder wohlweislich von ihren Aussagen Abstand genommen. Ihr Fall hatte von Tag zu Tag schlechtere Aussichten auf Erfolg. Im September 1986 schließlich – jetzt waren schon mehr als 8000 Sicherheitshäftlinge eingesperrt –, also ein ganzes

Jahr nach ihrer Klage, wurde die Angelegenheit gütlich beigelegt. Der Minister für »Recht und Ordnung«, sprich Polizei, hatte inzwischen eingewilligt, die Kosten des Verfahrens zu übernehmen. Der jungen Ärztin und ihrer schwindenden Zahl an Nebenklägern war schließlich gar nichts anderes übriggeblieben, als auf diesen Kompromißvorschlag einzugehen. Der Staat zahlte 259 818,83 Rand.

Was aber den hippokratischen Eid angeht, wird eine Wendy Orr wohl niemals Kompromisse schließen, das sagt sie tapfer selbst: »Es ist jetzt mein einziger Wunsch, daß der medizinische Berufsstand dieses eine Gebot immer aufrechterhalten kann – Der Patient geht vor.«

Vertraulich

Lieber Herr Kollege, besten Dank für die Überweisung der Patientin L. N., die, nach Rücksprache mit dem behandelnden Stationsarzt, morgen entlassen werden soll.

Die 44 Jahre alte Patientin wurde wegen akuter Selbstmordgefahr stationär aufgenommen. Sie zeigte Symptome einer schweren reaktiven Depression: Schlafstörungen, Angst, Hoffnungslosigkeit, stumme Verzweiflung, Bewegungshemmung und vor allem besorgniserregenden Gewichtsverlust. Ihre Regelblutung war seit drei Monaten ausgeblieben. Die unter der Behandlung mit Antidepressiva ruhige Patientin macht einen intelligenten Eindruck. EEG, Röntgen-Schädel, Blutbild und Elektrolyte waren im Bereich der Norm. Der Blutdruck betrug 110/90 mm Hg; sonst keine auffälligen medizinischen Befunde.

Die Patientin fühlte sich am Unfalltod ihres einzigen Sohnes schuldig, ohne jedoch den Unfallhergang zusammenhängend schildern zu können. Im Laufe der psychotherapeutischen Behandlung stellte sich (ab der fünften Sitzung) allmählich heraus, daß der Sohn bei einer geheimen Operation seiner Einheit im Kampfgebiet unserer Truppen an der angolanischen Grenze ums Leben gekommen ist. Der die Todesnachricht überbringende Offizier hatte der Mutter angeboten, daß die Beerdigungskosten vom Staat übernommen würden sowie der alleinstehenden, mittellosen Frau eine ansehnliche Abfindungssumme gezahlt würde – unter der Bedingung, daß sie in der Todesanzeige wie auch gegenüber Freunden und Verwandten als Todesursache einen Verkehrsunfall angibt. (Dies scheint, wie ich von jüngeren Kollegen höre, durchaus gängige Praxis zu sein.) Die Patientin hatte das Angebot angenommen. In der Folge fühlte sie sich als Verräterin an ihrem Sohn. Aus irregeleitetem Schuldbewußtsein hatte sie sich in die Wahnvorstellung hineingesteigert, selbst den angeblichen Unfalltod ihres Sohnes verursacht zu haben.

Während ihres dreimonatigen stationären Aufenthaltes erhielt Frau N. Imipramin, Promethazin und Oxazepam sowie zusätzlich psychotherapeutische Gespräche. Unter dieser Therapie besserte sich ihr Zustand langsam und sie nahm 3 kg an Gewicht zu.

Wir empfehlen eine sechsmonatige Weiterbehandlung mit Imipramin, 150 mg täglich.

Mit freundlichen Grüßen
Prof. Dr. med. T.
(nach Diktat verreist)

Frau Berschat und die kleine Emilia

»Böse Menschen sagen: ›Mit wem mengst du denn da?‹ Aber wer mir vor die Füße gelegt wird, dem helfe ich.« Anneliese Berschats Moral ist so schlicht wie ihre deutsche Muttersprache, auf die das bunte afrikaanse Landesidiom längst ein wenig abgefärbt hat. »Nie werde ich den großen weißen Schnuller, das magere Gesichtchen und die verschreckten großen Augen vergessen, die voll dicker Fliegen waren. Sofort habe ich die Kleine in die Küche genommen, gewaschen und versorgt. Von dann an ist sie bei uns geblieben.«

Das ist genau fünf Jahre her. Damals hatte sich ein Schwarzer namens Piet Sediba um Arbeit als Knecht auf der 85-Morgen-Farm der Berschats beworben, auf der Schweine und Kühe gemästet werden. Und da er einen ordentlichen Eindruck machte, wollten sie ihn gerne aufnehmen, vorausgesetzt, daß er auch eine Frau mitbrächte, zur Hilfe in Küche und Haus.

Frau Berschat war gerade 47 Jahre alt geworden, ihre beiden Kinder waren ausgeflogen, und jetzt wollte sie sich endlich ein wenig Ruhe gönnen, ja das Leben so richtig genießen. Doch da stand dann also Piet vor der Tür, mit einem acht Wochen jungen Säugling im Arm und einer sterbenskranken Frau, die wenige Monate später für den Rest ihres Lebens in einer psychiatrischen Anstalt untergebracht werden mußte. Also nahm Frau Berschat sich des kleinen Mädchens an. So einfach, sagt sie heute, war das alles.

Aber gar so einfach war das damals in Wirklichkeit nicht. Zunächst einmal fehlte eine Geburtsurkunde, um das Kind in der Niederdeutsch Reformierten Kirche der Buren, der sich die 1961 eingewanderte deutsche Familie angeschlossen hatte, taufen zu lassen. Zwar hatte Piet die Lobola, den Brautpreis, ordentlich bezahlt, aber standesamtlich verheiratet waren die beiden Schwarzen damit noch lange nicht. Und wegen ihrer Krankheit hatte die junge Mutter natürlich keine Papiere, die sie zum ständigen Aufenthalt im »weißen« Südafrika berechtigt hätten, bekommen können. Es dauerte mehr als sechs Monate, bis die Hebamme aufgetrieben war, die bei der Niederkunft geholfen hatte, sowie der Fahrer eines Krankenwagens, der zwar viel zu spät gekommen war, aber immerhin die Geburt bestätigen konnte. Doch auch dann noch wollte der Ortskommissar keine Urkunde ausstellen. »Mevrou«, sagte er, »nach unseren Unterlagen gibt es dieses Kind gar nicht.«

»Aber da steh ich ja doch mit die Kind in die Arme, und es gibt es sehr well«, erzählt Frau Berschat, und noch heute wird sie zornig, wenn sie daran denkt. Die Rettung kam erst durch einen Hausfrauenverein, der einem Parlamentsabgeordneten der Regierungspartei das Problem aufs Herz zu binden vermochte. Zwei Wochen später schon war das Dokument beschafft. So konnte die kleine Emilia – natürlich mit einer Sondergenehmigung – zwar immer noch nicht in der guten »weißen«, aber immerhin in der nahegelegenen Missionskirche für Mischlinge aus der Taufe gehoben werden. Adoption über die Rassenschranken hinweg schließen die in Südafrika geltenden Gesetze ohnehin aus.

Heute ist Milchen, wie sie zärtlich genannt wird, ein fröhliches, aufgewecktes Kind, das das Deutsch ihrer Pflegeeltern und auch Afrikaans schon fast fließend spricht. Die Kleine besucht einen katholischen Kindergarten und soll bald in die dazugehörige Klosterschule gehen, die keine Rassentrennung kennt.

Nach Ansicht ihrer Pflegemutter ist Emilia sogar äußerst intelligent: »Das zeigt dir ja nur, was die Umgebung für die Entwicklung von so'nem Kindchen tut. Dieses Kind hier kann ordentlich stolz sein – es hat eine weiße Frau, die es großmacht. Wieviel tausend weiße Kinder werden von schwarzen Frauen großgemacht. Ihren größten Besitz, ihre Erziehung, müssen die meisten von denen von einer Frau kriegen, die nicht einmal lesen und schreiben kann«, erklärt Frau Berschat frohgemut und offensichtlich zufrieden mit sich selbst. »Darum sind ja so viele Weiße in diesem Land so dumm.«

Und so lebten die Berschats mit ihrem Milchen denn wohl auch weiterhin einigermaßen sorglos und unbeschwert, hätte nicht die afrikaanssprachige Abendzeitung »Die Vaderland«,

»Wer mir vor die Füße gelegt wird, dem helfe ich« – Frau Berschat mit ihrer kleinen Emilia (Foto: Die Vaderland)

die sich vorübergehend mehr als andere aktiver Reformpolitik verschrieben hatte, im Rahmen ihrer Umerziehungsstrategien ihren Lesern die Geschichte des schwarzen Pflegekindes Emilia Sediba erzählt.

In den Tagen darauf brach plötzlich die Hölle los. Unausgesetzt klingelte in dem kleinen Farmhaus das Telephon. Frau Berschat wurde in den unflätigsten Tönen angepöbelt, schließlich sogar massiv bedroht. Ein Anrufer kündigte an, Haus und Hof niederzubrennen. Nach fünf Tagen hielt sie das einfach nicht mehr aus und wandte sich um Hilfe an das Militär. Seither bewachen die Soldaten, die regelmäßig im Niemandsland zwischen dem weißen Städtchen Krugersdorp und der schwarzen Township Munsieville patrouillieren und dort einen neuen Grenzzaun zwischen den unruhigen Rassen-Wohngebieten beschützen sollen, auch noch das Farmgelände der Berschats dort mittendrin.

Eigentlich habe es schon während der letzten zehn Jahre immer wieder Probleme gegeben, stellt Anneliese Berschat jetzt rückblickend fest. Genaugenommen seit die »weiße« Siedlung Rant-en-Dal allzu dicht an »schwarzem« Wohngelände angelegt worden sei, die Regierung jedoch den Plan fallengelassen habe, die Nichtweißen zwangsweise umzusiedeln. Die meist afrikaans sprechenden Neuankömmlinge, »arm blankes« zumeist, hätten immer wieder Ärger verursacht. Den zwei Kilometer langen Sandpfad zum Haus der Farm beispielsweise hätten sie, allen Bitten zum Trotz, hartnäckig als ihre Müllhalde benutzt, um dann immer »dem schwarzen Mann« die Schuld an all dem herumfliegenden Unrat zu geben.

Und jetzt sei ja der Krach im ganzen Lande da, sagt Frau Berschat, die sich sonst für Politik nur mäßig interessiert. »Nun ist das alles politisch geworden... Diese Leute beten und dann predigen sie wieder eine Politik, die mit ihrer Religion überhaupt nichts zu tun hat«, sagt sie. Und tatsächlich hat der Kirchenrat der weißen Niederdeutsch Reformierten Kirche von Rant-en-Dal sich in letzter Zeit allerhand Beschwerden über das kleine schwarze Mädchen anhören müssen, das nun schon seit Jahren brav jeden Sonntag mit seinen Pflegeeltern zum »weißen« Gottesdienst kommt.

»Emilia ist sauber und hat gute Manieren«, erklärt die Ziehmutter trotzig und stolz. Und die Gemeinde habe »drei wunderbare Pastöre, die sind ganz offen. Einer von denen empfängt sogar jeden Sonntagmorgen um acht Uhr, also lange bevor die Weißen kommen, viele Schwarze bei sich, um die ordentlich zu missionieren. Ja wirklich, so gut ist der!«

Aber auch die anderen Menschen seien nicht alle gar so schrecklich schlecht, beteuert die gottesfürchtige Farmersfrau, nachdem sie inzwischen auch freundliche, aufmunternde Anrufe hatte. Ja, sie wisse inzwischen schon von mehreren anderen Menschen, darunter ein Bergbaudirektor in der Provinz und einige Familien in den vornehmen Vierteln von Johannesburg, die sich auch längst schwarze Waisenkinder ins Haus geholt hätten. »Viele beten jetzt für uns; sogar Inder und Muselmanen. Ja wirklich, das ist alles halb so schlimm – nur jeder will und tut sein Senf dabei.«

Die Boervrou

Heidelberg wurde 1866 gegründet und hat heute zwanzigtausend Einwohner. Heidelberg in Südafrika. Am Rande dieses gemütlichen Provinzstädtchens liegt eine Zigarettenfabrik der Firma Rembrandt, die waschechten Buren gehört, und in der kleinen Siedlung dahinter, in einem schlichten einstöckigen Haus mit gepflegtem Rosengärtchen, lebt ein älteres weißes Ehepaar mit schwarzem Dienstmädchen und schwarzem Hund. Der Hausherr, Dominee Boshoff, ist Pfarrer der Niederdeutsch Reformierten Kirche (NGK), der staatstragenden Glaubensgemeinschaft des Burentums. Wir haben uns angesagt und werden aufs liebenswürdigste empfangen, von ihm und seiner gleichermaßen freundlichen Frau.

Man führt uns in einen dunklen, kühlen Innenraum, zwei Sofas, drei Sessel, ein Fernsehgerät, die Wände von gerahmter Nadelarbeit verziert: wie zum Beispiel Rembrandts Nachtwache in allerfeinstem petit point. Daran hat die Hausfrau drei Jahre lang gestickt – jeweils in den Pausen an ihrer Schule –, erzählt sie uns stolz. Kürzlich hat Dr. Johanna Boshoff (von ihren Freunden Baba genannt) ihren Posten als Gymnasiallehrerin jedoch aufgegeben, weil sie ihr weiteres Leben einer höheren Berufung widmen will: Sie ist jetzt Präsidentin des Frauenbundes der »kulturellen« Afrikaaner-Widerstandsbewegung AWB, den sie selbst ins Leben gerufen hat. »Die Boervrou« (die Buren- oder auch Bauersfrau) heißt ihre Organisation. Diese will Afrikaanerfrauen für den Endkampf um die Zukunft Südafrikas mobilisieren – sie sollen ihren Männern mit geistiger Kraft zur Seite stehen. Die Fahne der AWB ist auch die ihre: ein radförmiges Symbol aus den drei Siebenern des Alten Testaments in weißem Kreis auf leuchtendrotem Tuch. (Jede Ähnlichkeit mit Emblemen der deutschen Vergangenheit sei reiner Zufall, wird betont.) Es gibt auch eine schwarz-weißrote Burfrau-Uniform, doch heute, an einem friedlichen Samstagnachmittag, ist die Frauenschaftsführerin ganz zivil. Bereitwillig erzählt sie uns von den Zielen ihrer Bewegung.

»Die Boervrou habe ich Anfang des Jahres gegründet. Ich war schon früher darum gebeten worden, aber arbeitsmäßig war das einfach nicht drin. Von wem? Vom Führer natürlich, von Gene. [Gemeint ist Eugene Terre'Blanche, der zug- und schlagkräftige Vorsitzende der AWB.] Mit den anderen Frauenorganisationen des Afrikaanertums, wie zum Beispiel dem Käppchen-Kommando, haben wir nichts zu tun. Nein, das sind echte Extremisten. Die sind ja beinahe wie eine Sekte und betrachten uns als Verräterinnen – ja, so fanatisch sind die. Wir sind anders als alle anderen, denn wir unterscheiden ganz klar zwischen Nation und Volk. Diese Drei-Kammern-Regierung der Nationalen Partei, die will Rühreier aus uns allen machen. Die mischen alles durcheinander und sagen dann: ›So, jetzt sind wir eine neue Nation.‹ Diese Nation schließt die Mischlinge, die Schwarzen, die Inder, die Englischsprechenden und das Burenvolk ein. Wir aber sagen: ›Mit dieser Neuen Nation wollen wir ganz entschieden nichts zu schaffen haben.‹ Wir sind und wir bleiben das Burenvolk. Wir wollen nur wir selber sein; wir wollen irgendwo für uns leben; wir wollen uns selbst regieren; wir wollen unsere Sprache behalten; und wir wollen zu Gott beten, wie wir das verstehen. Die meisten von uns, ja fast alle, sind Calvinisten. Wir sind keine Muselmanen, wir glauben nicht an Allah, wir beten nicht zu einem Allmächtigen, der für alle da ist. [Hiermit spielt sie auf eine unter Buren heiß umstrittene Passage in der Präambel der neuen südafrikanischen Verfassung an, in der der »dreieinige« durch den »allmächtigen« Gott ersetzt worden ist.] Die Schwarzen haben ihren Allmächtigen und die Muselmanen den ihren. Andere Christen, wie beispielsweise Katholiken, die sind okay. Soviel ich weiß, gibt es sogar Katholiken in der Konservativen Partei.

Diese Konservative Partei glaubt an genau das gleiche wie wir. Wir zum Beispiel, mein Mann und ich, wir sind alle beide Mitglieder der KP. Mein Mann ist sogar Vorsitzender des Ortsverbandes von Heidelberg. Die KP glaubt auch an ein separates Land für uns und nicht nur so ein kleines Eckchen irgendwo. Aber wir wollen niemandem etwas wegnehmen. Wir haben wirklich Verständnis für die Schwarzen. Wir sind keine Rassisten, wirklich nicht. Doch wenn wir alle durcheinandergemischt werden – wer wird dann am Ende siegen?

Die Mehrheit natürlich, und das werden die Schwarzen sein. Weil man sie nicht ewig unterdrücken kann. Und wir wollen das auch gar nicht. Die sollen ihre eigenen Staaten haben.«

»Sie wollen also getrennte Entwicklung, wie schon unter Verwoerd?«

»Nein, nein, Sie müssen den Unterschied sehen: Getrennte Entwicklung bedeutet Schwarze in einem Bus und Weiße in einem anderen. Das ist getrennte Entwicklung oder Apartheid. Das wollen wir nicht. Wir wollen vollkommen für uns leben. Wir wollen gar nicht die Herren über andere sein. Wir wollen unseren eigenen Buren-Volksstaat haben. Wir wollen einen eigenen Staat für jede völkische Gemeinschaft in Südafrika, denn wir glauben einfach nicht an die Rührei-Republik, in der jeder sich mit jedem mischt. Wir wollen unseren Staat für uns. Niemand kann behaupten, daß das nicht möglich wäre: Holland ist ein kleiner Staat, die Schweiz ist ein kleiner Staat, und es gibt noch viele andere solche Kleinstaaten. Und wenn ein Volk – wie zum Beispiel die Schwarzen – zu groß wird, dann ist das noch lange kein Grund, anderen ihr Land wegzunehmen. Die Türken bei euch, warum haben die denn in eurer Regierung nichts zu sagen? Natürlich könnt ihr denen nicht das Wahlrecht geben, bloß weil sie da sind und immer mehr werden. So ist das mit den Schwarzen bei uns. Aber wir wollen ja gar nicht in alle Ewigkeit deren Herren sein. Die sollen sich ruhig selbst regieren; in ihren eigenen Staaten. Wir wollen ihnen auch nicht vorschreiben, wie sie ihre Kinder erziehen sollen, genau wie wir unsere Kinder so erziehen wollen, wie das uns paßt.«

»Und wer wird für euch arbeiten, wenn ihr keine Schwarzen mehr habt?«

»Wer arbeitet denn für euch Deutsche? Ihr selbst. Das ist die Lösung. Ihr Deutschen und Österreicher, ihr könnt uns verstehen. Der Engländer, der kann das einfach nicht; weil der nie, wirklich nie, ein Freund des Burenvolkes war. All diese Geschichten, die da über Südafrika in der Welt verbreitet werden, das ist genau das gleiche wie damals nach dem Zweiten Weltkrieg: da stanken die Deutschen zum Himmel. Aber wir afrikaanssprechenden Menschen, und vor allem wir in der Afrikaaner-Widerstandsbewegung und in der Burfrau, wir glauben diese Ammenmärchen nicht. Wir glauben nicht, daß bei euch Juden getötet worden sind. Das soll uns erst mal einer beweisen. Wir haben doch genau das gleiche Problem hier, mit der Multi-Macht des Geldes; ganz wie damals ihr bei euch. Wir wollen aber keine Hilfe von Deutschland – mißverstehen Sie mich bitte jetzt nicht. Wir wollen auf eigenen Füßen stehen, sonst bleiben wir ewig Krüppel an fremden Krücken. Wir müssen lernen, uns nach der Decke zu strekken: Wenn kein Geld da ist, können wir auch keins ausgeben, so einfach ist das. Wir müssen unserem Volk endlich beibringen, daß es nicht länger, wie bisher, über seine Verhältnisse leben kann. Ja, wir sind echte Idealisten.

Alles, was wir verlangen, ist die Wiederherstellung der alten Burenrepubliken – Oranje Freistaat und Transvaal, einschließlich des nördlichen Teils von Natal, der früher zu Transvaal gehört hat. [Das ist der lebenswichtige Zugang zum Meer.] Wir wollen die Grenzen von 1899 wieder haben, also unser ganzes Land, wie es vor dem Großen Burenkrieg war. Das Sekukuni-Land [es handelt sich dabei um einen Teil des heutigen Homelands Lebowa], das schon Ohm Krüger den Schwarzen gegeben hat, das sollen die Schwarzen ruhig behalten – irgendwo müssen die ja schließlich hin. Das ist doch alles ganz einleuchtend, finden Sie nicht?

Aber die Regierung gibt uns ja keine Chance, unseren Standpunkt zu erklären. Jeder kann hier am staatlichen Fernsehen auftreten, sogar dieser Zuluhäuptling Buthelezi – nur wir nicht. Seit fünf Jahren schon haben wir keinen Frieden in diesem Land, aber immer noch keine Wahlen. Die Regierung hat ganz klar Angst vor uns. Die Zeit dieser von Botha eingesetzten Regierung ist abgelaufen [die letzten Wahlen waren im April 1981, aber die Regierung hat mit der neuen Verfassung und den Wahlen der Mischlinge und Inder für ihre eigenen Parlaments-Kammern im September 1984 eine neue Legislaturperiode anlaufen lassen], und wir fordern Neuwahlen. Wir können einfach nicht länger zusehen, wie unser Land von dieser Regierung in kleiner Münze verscherbelt wird. [Dieses Gespräch fand Mitte 1986 statt.]

Unser Bund mit Gott, der uns schon 1838 am Blutrivier über die Zulus hat siegen lassen, gilt auch heute noch: das haben unsere Saalschlachten mit den Anhängern der Nationalen Partei im Transvaal bewiesen. Vier Siege in vier Wochen! Die Schlacht von Pietersburg (am 22. Mai 1986), das war der Wendepunkt. Das war das erste Mal, daß Weiße gegen Weiße Tränengas eingesetzt haben. Der Saal von Pietersburg wird von unseren Leuten jetzt ›Saal der Tränen‹ genannt. Das war ein neues Blutrivier für Südafrika. Wie unser Führer in Pietersburg gesagt hat: Wir hassen nicht, wir stiften auch keine Haßorgien an, nein, wir lieben dieses Land, das unseren Vätern von Gott geschenkt worden ist. Unser Führer ist kein Hitler, denn er ist ein friedliebender Mensch, und er will nichts anderes als ein treuer Sohn seines Volkes sein. Ein Volk, ein Führer. Auch sein ausgestreckter Arm ist nicht der ›Hitler-Gruß‹, sondern damit grüßt er lediglich sein Volk auf altgermanische Weise, ganz wie es sich gehört. Er ist ja so ein lieber Mensch. Ich kenne ihn gut von unserer täglichen Zusammenarbeit. Aber seine Liebe zu seinem Volk ist stark. Wenn irgendeiner es wagen sollte, seine Hand an unser Volk zu legen – auch das hat er in Pietersburg erneut gesagt –, den werden wir mit Stumpf und Stiel ausrotten, ja, der wird von uns in den Boden gestampft.«

Für Elize

Ein Name wie Lieschen Müller, so häufig und banal, ja man begegnet ihm auf Schritt und Tritt: Elize Botha, die stimmgewaltige Sängerin im Stadttheater von Roodepoort; Elize Botha, die Literaturprofessorin an der Universität von Pretoria, die viele fremde Freunde hat, seit sie schon 1980 bei den Zensurbehörden die Freigabe von »Lady Chatterly's Lover« durchgesetzt hat; Elize Botha, die Hausfrau nebenan. Und last but by far not least: Elize Botha, die First Lady von Südafrika.

Eigentlich heißt sie Anna Elizabeth, geboren am 6. Mai. In welchem Jahr, das sagt sie natürlich nicht, doch sie verrät, daß es ein Samstag war (sechs Jahre jünger ist sie folglich als ihr Mann). Als Tochter eines reformierten Pfarrers wuchs sie zunächst im Oranje Freistaat auf und übersiedelte im schulpflichtigen Alter in die Kapprovinz. Schließlich übernahm der Vater die Gemeinde von Swellendam, der dritten Siedlung der holländischen Ostindien-Kompanie, dic heute siebentausend Einwohner hat. (Nur Weiße wurden gezählt.)

Hier ist Elize Roussouw zur Schule gegangen, dann besuchte sie die Universität von Stellenbosch und studierte Naturwissenschaften. »Noch immer denke ich, daß an mir ein guter Arzt verlorengegangen ist«, gesteht sie lächelnd ihrer Interviewerin vom staatlichen Rundfunk SABC. Was sie wohl daran gehindert hat? Die Vorurteile der Männer um sie herum; vor allem des einen, der ihr wichtig war und der keinesfalls wollte, daß sein Mädchen Ärztin wird. Männlichem Willen beugt man sich halt.

Aber sie hat sich ja auch noch für anderes interessiert; für Journalismus zum Beispiel und für Musik. Im Pianospiel legte sie noch in der Schule ein Examen ab, und fortan studierte sie Gesang. Noch immer spielt sie Klavier und Orgel – wann immer die Zeit dazu reicht. »Ach ja, ich liebe meine Musik!«

In der Familie ihres Mannes sei man gleichfalls musikalisch, und er habe eine schöne Stimme; aber auch wenn alle Welt nach seiner Pfeife tanzt, ein Instrument spiele er leider nicht. Und was er gar nicht ausstehen kann, ist alles Moderne – auch die moderne Musik.

Pieter Willem Botha stammt von einer Nachbarfarm und kannte seine Frau schon als Kind. Sie aber erinnerte sich kaum an ihn. Eines Abends kam sie von der Universität nach Hause, da war ER einfach da. Nur ein einziges Mal habe er sie Mejuffrou Roussouw genannt, erinnert sie sich schalkhaft empört, da habe ihre Mutter auch schon gesagt: »Ach, Meneer Botha, hat sie gesagt, nennen Sie sie doch einfach Elize, hat sie gesagt...« Schon führte er sie ins Kino aus – es gab »Vom Winde verweht« –, und schon war's um sie geschehn.

Ein Jahr darauf wurde offiziell Verlobung gefeiert, und am 13. März 1943 (wieder an einem Samstag natürlich!) fand die prunkvolle Hochzeit statt. Er 27, sie 20 Jahre jung. Seit sieben Jahren war er jetzt schon Jugend-Organisator seiner aufstrebenden nationalistischen Partei – von ihrem Führer D. F. Malan direkt aus dem Studium der Rechte geholt, fort auf die rechte Bahn.

März 1943, also mitten im Krieg. »Mein Vater hat geheult vor Wut, als er nach seiner Heimkehr Bilder von dieser Märchenhochzeit sah: ein roter Teppich vom Pfarrhaus bis zur Kirche, Pferdekutschen, hunderte Gäste, ein tischebiegendes Buffet«, erzählt ein afrikaans sprechender Publizist aus gutem altem Burenclan. »Mein Vater hat damals in El Alamein gekämpft, nein, halt, das war wohl früher gewesen – jedenfalls war er damals in Nordafrika und viele schwarze Südafrikaner mit ihm. Aber diese Nationalisten, die verweigerten nicht nur den Dienst; am liebsten hätten die auf der Seite Hitlers gekämpft. So dachten die!«

Trauzeuge war Bothas Protektor, der Prediger D. F. Malan, der eine seiner flammenden Reden hielt, auf Volk und Vaterland.

Das junge Paar ließ sich in Kapstadt nieder, wo die Familie bis heute lebt. Fünf Kinder kamen nach und nach zur Welt: zwei Söhne und drei Töchter. Erst 1948, als der vielversprechende junge Parteipolitiker für das Bezirksstädtchen George ins Kapstädter Parlament einzog, während D. F. Malan die

Macht ergriff, kauften die Bothas sich dort in der Nähe, im schönen Seebad Wilderness, ein Haus. Dort verbringen sie ihre Ferienzeit und gelegentlich auch ein Wochenende – wenn möglich mit der Kinderschar.

»Ach wissen Sie«, erzählt Mevrou Elize, »mein jüngster Sohn Roussouw hat einen Schulaufsatz geschrieben, den hat mir der Direktor zugeschickt. Die Menschen, die ich am meisten bewundere, sind meine Eltern, schreibt er da. Und das deshalb, weil sie ihre Pflicht tun nach ihrem Glück. Was sie an Quantität Zeit nicht aufbringen können, das machen sie durch Qualität wett. Zum Beispiel sonntags. Sonntag ist ein Familientag. Aber außerdem nehme ich das Notizbüchlein meines Mannes – das kleine, das er immer bei sich trägt –, und da schreibe ich alle Daten rein; auch Hochzeitstage, damit er sie nicht vergessen kann. Und das Alter von Leuten, vor allem das der Enkelkinder. So mach ich das.«

Politisch unterstützt die ganze Familie nach Kräften ihren Pa. Mutter Elize hält das für selbstverständliche Pflicht. Doch sie macht sich oft große Sorgen um ihn. Auf Postkarten schreibt sie gereimte Gebete, Fürbitten für ihren von seinen Sorgen oft niedergedrückten Herrn. O Gott, hilf mir zu bedenken, daß auch heute nichts geschieht, das ER mit dir nicht gemeinsam lösen kann! So ist sie nun einmal – eine einfache Frau, von tiefer, patriotischer Frömmigkeit. So jemanden fechten keine Zweifel an.

Ach, wie sie die seltenen Reisen genießt, ins Ausland wohlgemerkt: »Man schätzt sein Land ja erst so richtig, wenn man in der Fremde ist. Zum Beispiel, als wir für den Stapellauf unserer U-Boote in Frankreich waren – ein französisches Orchester unsere Hymne spielen zu hören, überall Protea-Blüten und die eigene Fahne zu sehen – das war wirklich ein Erlebnis, das zu Herzen ging.«

»Ja und Taiwan«, fällt die Interviewerin nicht minder begeistert ein. »Dieser Ausdruck der Rührung in den Zügen Ihres Herrn Gemahls, als diese jungen taiwanesischen Studenten auf Afrikaans zu singen begannen. Die müssen wochenlang geübt haben, wie?« Frau Botha: »Ja, das denke ich auch; aber es war ja doch so gut gemeint! Ach, wir haben ja so viel mit den Taiwanesen gemein...« (Anläßlich dieser Reise wurden diese sogar in Südafrika zu Ehren-Weißen erklärt!) »... und auch die Chilenen auf ihrer Esmeralda – die haben auch unsere Hymne gespielt. Ach, ja.«

Die Rundfunkdame schwärmt vom Drill der ausländischen Matrosen. Frau Botha seufzt ergriffen: »Jaaaaa – aber nicht besser als unsere Jungs, nein, ganz bestimmt nicht besser! Ich bin sehr stolz auf unsere Wehrmacht. Und auf all unsere Menschen in Uniform. Und ja – lassen Sie mich das auch gleich sagen –, auch auf die Polizei!«

Zwölf Jahre lang war Botha Verteidigungsminister gewesen; noch vom Apartheid-Ideologen Hendrik Verwoerd für dieses Amt erwählt. Auch noch 1978, als er die Führung der Regierung übernahm, behielt er dieses Ressort für sich, bis er es erst 1980 an seinen Oberkommandierenden General übergab.

Jetzt sind die beiden Damen bei ihrem Lieblingsthema: Sie sprechen von »Bothas Girls«. Gemeint ist die Kadettenanstalt für afrikaans sprechende junge Mädchen aus allerbestem Elternhaus, die das waffenliebende Ehepaar 1971 in des Verteidigungsministers Wahlkreis George mit großem Einsatz gegründet hat; als Jungbrunnen der Afrikaaner-Nation. Bothas jüngste Tochter, Rozanne, die heute als Sängerin die Jungens an der Front beglückt oder in heiteren heimischen Filmen spielt, hat nach Abschluß der höheren Mädchenschule hier zwei volle Jahre verbracht.

Keine Kameras, keine Tonbandgeräte, auch keine privaten Handfeuerwaffen, ja nicht einmal Drogen sind in »Elize Botha« – so heißt diese Militärschule wirklich! – erlaubt. Das Auto der Besucher wird von unten abgespiegelt, als führe es in die DDR. Drinnen ist dann alles geheim. »Wir sind für die Sicherheit dieser Mädchen verantwortlich«, begründet dies der Kommandant, ein knallharter Yul-Brynner-Typ. »Wir sind ihre Eltern, solange sie bei uns sind.« Draußen exerzieren sie auf hartem, aber schattigem und blumenumranktem Terrain: schöne, noch schlanke Gestalten in olivgrünen Hosen und Blousons; die meist blonden Haare unter graugrünen Baretten versteckt. Aber täuschen wir uns nicht – Sergeant Botha schießt wie Gift.

Nach dieser intensiven Erziehung akzeptiert Rozanne ohne Murren das herkömmliche Ideal: mulier taceat in Südafrika. Ja es ist anerkannter Tatbestand, daß Männer den

Frauen überlegen sind. »Ich denke, daß eine Frau, die darauf besteht, sich selbst stärker zu geben, als sie ist, ja am Ende gar sich gleich zu dünken, an einem Minderwertigkeitskomplex leiden muß«, schrieb Rozanne eines Tages in ihrer wöchentlichen Kolumne in »Beeld«. Sie findet es nämlich völlig normal, daß »der Mann in allem die Führung übernimmt, weil er ja schließlich auch die Verantwortung trägt«. Der Mann ihrer Träume muß Gott und die wahre Kirche lieben. Er muß nach Integrität und Ehrlichkeit streben, muß ehrgeizig sein, über Führungsqualitäten verfügen, muß in allem nach einem Ausgleich suchen, muß Humor besitzen, die Natur lieben sowie die schönen Künste und Musik. Er muß Initiative entfalten, Entschlußkraft zeigen, mit einem Wort: ihr Vertrauen verdienen. Ganz wie der Herr Papa.

»Ich wandele nicht in meines Vaters Schatten, sondern in seinem Licht«, trumpft Rozanne ein wenig geschwollen auf, wenn man sie direkt nach ihrer Vaterbeziehung fragt. Mit Mitte zwanzig lebt sie noch immer bei den Eltern; in seinem (und der Sicherheitspolizisten) Schutz. Bei gesellschaftlichen Aufgaben springt sie immer häufiger für die Mutter ein, die oft erschöpft zu sein scheint in letzter Zeit. Nach und nach wird so auch das Töchterlein, wie Mutter Elize sich auszudrücken pflegt, »Ministerin aller Portefeuilles«.

Als im März 1984 zwischen dem dezidiert antikommunistischen weißen Südafrika und dem sozialistischen Nachbarland Mosambik ein Friedensabkommen unterzeichnet wird, hat das Protokoll die beiden First Ladies nebeneinander placiert: hier Elize Botha, walkürenhaft üppig und pink, dort die zierliche dunkle Frau Machel in diskret getupftem Dunkelblau. Nach stundenlangem Zeremoniell erhebt man sich zum Festbankett. Unsicher blickt Graça Simbine Machel sich um, weil sie nicht so recht weiterweiß. Da packt Frau Botha sie einfach bei der Hand, führt sie die wenigen Stufen hinunter und lächelt ihr aufmunternd zu. Wie zwei vollkommen verschiedene, ein wenig tolpatschige Schulfreundinnen, die Hand in Hand in die Pause gehen, sehen die beiden Präsidentenfrauen auf einmal aus.

Als sie dann endlich an einem Tisch sitzen, die ungleichen Ehepaare, scherzt Botha, vielleicht um Gesprächsstoff verlegen: »Eigentlich sollte ich meine Elize zum Minister für

Frauenfragen machen...« Da widerspricht ihm diese vehement. »Ach, das hat er ja nur so dahingesagt, weil Frau Machel in ihrem Land Unterrichtsminister ist. Aber nicht doch, hab ich ihm da endlich einmal entgegnet«, erzählt nicht ohne Stolz Madame, »das ist nun wirklich nicht nötig, Mann. Ich bin doch längst Transportminister und Justizminister und Gesundheitsminister – und was ist denn mit der Landwirtschaft? Ja, ich bin doch längst Regierungschef in meinem Haus.«

In der Tat weiß auch der S. P., der Staatspräsident, sehr wohl, was er an seiner Elize hat. Nicht nur trägt sie den höchsten Verdienstorden der Nation, sondern mit Freuden hat er ihren allergrößten Wunsch erfüllt: Und so fanden denn an ihrem 65. Geburtstag, am 6. Mai 1987, ihr zu Ehren in Südafrika Wahlen für die weiße Bevölkerung statt.

Das Modell

Was willst du einmal werden? fragt man wohl fast automatisch Kinder von Freunden und Bekannten, die beim Tennisspiel die Bälle aufheben, auf Cocktail-Parties die Nüßchen anbieten oder einem sonst irgendwann zwischen die Füße laufen. Und gewöhnlich, wenn die Antwort nicht auffallend originell oder frech ausfällt, hört man wohl gar nicht richtig hin. Erst nach Monaten merkt man deshalb vielleicht, daß die kleinen weißen Mädchen in Südafrika nahezu alle das gleiche sagen: Alle wollen sie »a model« werden, also Photomodell oder Mannequin.

Entsprechend sehen die Spielsachen aus, die der Fachmann im Fachgeschäft einem unsicheren Kunden empfiehlt: »beauty cases« mit allem drin: Lockenwickler, Nagellack, Schminkgerät und Wimperntusche und natürlich jede Menge Modeschmuck. Oder das bewährte Barbie-Püppchen auf der Hollywoodschaukel im Badekostüm, dazu ein kleiner Schrank voller prächtiger Roben, alles farblich aufeinander abgestimmt. Vielleicht noch ein Umhängetäschchen im petit point, Liebesbänder für die Trainingsschuhe, ein besonders reich verzierter Kamm?

Alljährlich schreiben die großen Sonntagszeitungen ihren »Miss South Africa«-Schönheitswettbewerb aus. Und von dann an sieht man viele Wochen lang all diese Sandras, Lillies und Barbaras, ganzseitig glänzend und bunt gedruckt, einfältig lächelnd und gequält auf einem Bein balancierend in züchtig gehäkeltem Badeanzug (weil die Zensur doch gar so streng ist in diesem zutiefst puritanischen Land), wie sie ihr Blondhaar schütteln und eifrig beteuern, daß nichts auf Erden so erfüllend ist, wie schön, gepflegt und begehrt zu sein. Schönheit als allerhöchstes Lebensziel – soundsoviel Zentimeter festen Fleisches unter soundsoviel Quadratzentimetern gleichmäßig gebräunter glattglänzender göttlicher Haut. Nicht allzu dunkel, versteht sich. Wo sind wir denn, after all?

Nun, Kindchen – fragt da der Interviewer die neueste Miß

South Africa –, was hast du mit deinem Leben vor? Dein weißer-als-weißes Lächeln wird niemals zur Grimasse, du bist immer perfekt zurechtgemacht; während des letzten Jahres hast du bis zu viermal am Tag offizielle Funktionen wahrgenommen, doch niemals sahst du gelangweilt aus; nie hast du auch nur einen Anflug von Gereiztheit gezeigt – selbst dann nicht, als der alte Lustmolch in seinem viel zu engen Hemd seine Hand immer tiefer deinen Rücken hinuntergleiten ließ. Lächle für die Kamera, Mädchen, lächle. Lächeln, lächeln, immer nur lächeln, daß man alle 32 Zähne blitzen sieht.

Ja, so ist's recht; so mag man sein Püppchen, sein Kleinod, sein Weibchen: immer zu Willen, immer eine Zier, nur ganz manchmal ein klein wenig crazy und wild; das süße kleine Schmusekätzchen, das plötzlich überraschend, ja schelmisch neckend seine vollendet manikürten, blutrot lackierten, kratzigen kleinen Krällchen zeigt. Wohl dem Manne, der sich solch ein Nobeltierchen im Zobeltierchen leisten kann!

Das meist beklatschte, meist betratschte und meist betatschte Goldkind Südafrikas ist fraglos auch heute noch Anneline Kriel, die langbeinige blonde Burenmaid aus tiefstem Transvaaler Kohlenpott, die 1974, achtzehnjährig, zur »Miß Welt« gekrönt worden war. Sie steht hier Modell für alle Modelle, ja für sämtliche Möchtegern-Models einer ganzen Generation. Sie wird verehrt, bewundert, nachgeahmt – ihr Bild hinter tausend Spiegel gesteckt.

Um Annie wurde es nie wirklich still: Erst gab es sechs Jahre lang saftige Affären, die die Illustriertenwelt erschütterten, dann fünf Jahre lang eine stürmische Ehe mit Sol Kerzner, einem Self-made-Hotelketten- und Kasinokrösus, ja dem Sonnenkönig des zwanzigsten Jahrhunderts schlechthin, und schließlich eine handfeste Scheidungsgeschichte mit einer Abfindungssumme von mehreren Millionen – Gold, Glamour und Gloria à la Hollywood oder Regensburg.

Doch Torschlußpanik mit beinahe dreißig: auf einmal wird das Leben ernst. »Ich bin ja gar nicht so freigeistig; im Grunde bin ich alte Schule«, rechtfertigt sie verlegen ihre Unsicherheit, als sie eines Tages, 1985, gemeinsam mit Richard Haines, dem wohl routiniertesten Schauspieler ihres Heimatlands, reichlich linkisch auf der Bühne steht. »Was ich da gelernt habe, war sehr befriedigend, in bezug auf Charakterentwicklung und so...«, meint sie, nicht ohne Selbstmitleid, anschließend. Jedenfalls kamen die Zuschauer reichlich herbeigeströmt, eindeutig für jenen kurzen Augenblick, in dem sie verschämt ihr Kleid ablegte und in neckischen Nylonspitzen vor uns stand: ja tatsächlich – immer noch schön.

»Erfolg ist nicht leicht. Ohne Scharten und Tränen erreicht man im Leben nichts«, gesteht sie. Das gilt auch für ihre Lieblingsbeschäftigung – modelling. Schon hat sie eine Model-Schule aufgemacht, und eine Modekollektion unter ihrem Namen erobert zusehends den Markt: ganz billige bunte Baumwollfetzchen, »fully imported« und darum teuer – so gegen fünfhundert Deutsche Mark. Noch einmal Theater und dann ein Film. In der Fernsehserie »Skoppensboer« (Pik Bube) wird ihre Stimme mit der einer Schauspielerin unterlegt, weil ihr Afrikaanser Akzent unerträglich ist. Was wunder, daß sie in ihrem nächsten Stück ein schlichtes Boeremeisie spielt?

Was will sie erreichen, was hat sie noch nicht? Das einfache Leben, sagt sie. »Jetzt habe ich die ganze Welt gesehen, aber ich kenne noch kaum mein eigenes Land.« Annie wünscht sich einen guten Mann, der immer, immer Zeit für sie hat, und viele, viele Kinder von ihm. Ja, sie hat eine klare Zukunftsvision. »Doch das Leben spielt selten so, wie man es plant.« Ganz ähnlich denkt sie auch über Politik: »Wie immer man dazu stehen mag, da haben wir ein Problem... Das ist der Grund, warum der Präsident so viel ändert, wie er irgendwie ändern kann, mit Blick auf die weitere Entwicklung, nicht wahr? Ich kann den Menschen nicht unrecht geben, die denken, daß so nichts besser wird. Ich meine, ich denke, ja selbst unsere Jugend hat da eine große Frage an die Zukunft, nicht wahr? Deshalb, denke ich, sollte der Präsident eine Erklärung abgeben. Ja, das sollte er wirklich tun. Er muß die Menschen wissen lassen, wo er eigentlich überhaupt steht. Wir können doch nicht den Rest unseres Lebens in solch qualvoller Ungewißheit leben. Für einen Christenmenschen, und zwar für einen tief gläubigen Christen, wie der Präsident fraglos einer ist – wie übrigens die meisten Afrikaaner –, ist es völlig richtig, so viel herzugeben, wie man unter bestimmten Bedingungen hergeben muß. Aber man kann ihnen [nämlich den Schwarzen] doch nicht einfach alles geben, was sie verlangen.

Sehen Sie sich den Rest von Afrika an. Welches schwarze Land, wo Schwarze regieren, ist Teil der Ersten Welt und unter den führenden Industrienationen? Ich bin nicht einverstanden mit der Apartheid. Ich denke, sie sollte abgeschafft werden; aber ich kann verstehen, wie schwer das allen fällt. Denken Sie, es ist völlig falsch, wenn man behalten will, wofür die eigenen Vorfahren gekämpft haben und gestorben sind? Ich weiß nicht, ich weiß es wirklich nicht, wie eine Lösung aussehen kann, die für die Afrikaaner annehmbar wäre. Die ihnen nicht das Gefühl gibt, alles zu verlieren.

Ich bin nicht konservativ, glauben Sie mir das; ich denke wirklich, Apartheid sollte abgeschafft werden. Aber eine Menge englischsprechender Südafrikaner will einfach nicht verstehen, wie der Afrikaaner darüber denkt. Unsere Furcht, die wir Afrikaaner haben, ist, daß wir unsere Identität verlieren könnten, bevor eine Lösung gefunden ist...« Ja, Annie, get your gun!

Laufen für Südafrika

Läuft sie? Siegt sie? Säuft sie? Liebt sie? – Was den Deutschen ihr Boris Becker, das ist den Südafrikanern ihr zähes kleines Laufwunder, Baby Budd. Kaum eine Nummer der Regenbogenpresse, ja auch der angeblich seriösen Tageszeitung »Citizen«, in der nicht Klein-Zolas Seelenleben ausgiebig erörtert würde. Doch was das spillrige Girlie aus dem Herzen südafrikanischer Provinz vom deutschen Goldjungen grundsätzlich unterscheidet, das ist die Frage seiner Staatsangehörigkeit. Denn »onse Zolatje« spricht zwar vor allem Afrikaans, doch hält es den Union Jack, die britische Fahne, fest in seiner kleinen Hand und läuft und läuft und läuft – offiziell für seine neue Heimat im fernen Engeland, insgeheim jedoch noch immer für die beloofde Burenland, Südafrika.

Sport ist für Südafrika ein Lebenszweck. Selbst während Reformdebatten und Townshipunruhen die ganze Welt beschäftigen und offensichtlich kaum vermindert weitertoben; während fast täglich neue Todesopfer zu beklagen sind, von den Ordnungsmächten in ohnmächtiger Wut höchst unsportlich niedergeschossen oder von rasenden Schwarzen als Verräter gefangen, mit Benzin übergossen und angesteckt; während die wirtschaftliche Depression immer schärfer und tiefer greift; während Millionen hungern, Tausende streiken und Hunderte auf die Straße gesetzt werden, scheint die Mehrheit der Weißen in Südafrika in ihren schönen Gärten hinter hohen weißen Mauern nur an eines zu denken: Sport.

Nicht aber Sport im allgemeinen Sinne. Denn hier, in diesem bis in die Dusch- und Umkleidekabinen aufgeteilten Land, hat eine jede Bevölkerungsgruppe auch ihren eigenen Volkssport entwickelt, möglichst ganz für sich. Die Afrikaaner (Buren) spielen Rugby, die Engländer Kricket, die Schwarzen Fußball, die Inder Hockey und die Mischlinge »von allem ein wenig – so wie wir eben sind«, behauptet jedenfalls Monica, eine üppige Gewichtsheberin aus Eldorado Park, der man besser nicht widerspricht.

Gemischter Sport war hier lange verboten und ist es an staatlichen Schulen auch heute noch. In den letzten Jahren und Monaten haben jedoch so gut wie alle Turn- und Sportverbände der Apartheid zwischen Reck und Rasen abgeschworen: »Ein wichtiger Schritt, uns in die internationale Arena zurückzubringen«, wie eine Tageszeitung kommentiert. »Doch solange Südafrikas politische Ordnung mit der Öffnung des Sportes nicht gleichgezogen hat, müssen wir damit rechnen, der Prügelknabe der Welt zu bleiben.« Wie wahr.

Denn längst unterstützen auch gemäßigte, ja weitgehend von Südafrika abhängige Apartheidgegner, wie etwa Sambias Präsident Kaunda, den internationalen Sportboykott des Rassenstaats. »Manchmal faste ich, und dann versage ich mir mein Lieblingsgericht«, gestand Kaunda einmal in einem Interview. »Das Gleneagle-Abkommen aus dem Jahre 1977 ist ein Mittel, unsere Brüder und Schwestern in Südafrika zum Fasten zu zwingen... Es soll ihnen etwas verweigern, um sie an Größeres zu gemahnen, das ihnen fehlt. An das, was sie nicht tun, aber tun sollten: nämlich wie menschliche Wesen zusammenzuleben. Deshalb unterstütze ich den Sportboykott, so gut ich kann.«

Auch überzeugte Gegner von Wirtschaftssanktionen geben unumwunden zu, daß es im Bereich des Sportes vor allem der internationale Boykott gewesen ist, der in Südafrika Umdenken und schließlich Wandel herbeigeführt hat. Die Isolierung begann jedoch – so paradox das klingen mag – mitten im eigenen Land. Es war der große Apartheidideologe Hendrik Verwoerd höchstselbst gewesen, der im September 1965 die neuseeländischen Rugbyspieler »The All Blacks« nicht ins Land lassen wollte, weil ein paar Maoris unter ihnen waren. Und auch Verwoerds Nachfolger Vorster verweigerte drei Jahre später britischen Kricketspielern die Einreise nach Südafrika, weil der aus der Kapprovinz emigrierte Mischling d'Oliveira Mannschaftsmitglied war.

»All unser Frust, unser Verlust, aber auch unser Groll über die eindeutig doppelte Moral der fremdländischen Regierungen helfen uns nicht weiter«, schrieb da beispielsweise die Wirtschaftszeitschrift »Financial Mail«, deren Leserschaft eher zu den Tennis- und Golfspielern zählt, resigniert. »Unsere Feinde wissen ganz genau, wo sie uns treffen können – wir sind die Opfer unserer Leidenschaft für Rugby und Krikket geworden.«

Doch wo ein Wille ist, ist auch ein Umweg. Vor allem wenn viel Geld im Spiele ist. In einem stolzen Bericht behauptete die Regierung in Pretoria Mitte April 1985, im Jahre 1984 allein hätten 2972 Sportler aus 53 Ländern in 51 Disziplinen beherzt den Boykott gebrochen, während 961 Südafrikaner sich ungehindert auf 48 verschiedene Weisen auf den Sportfeldern von 29 Nationen getummelt hätten. Seither hält man in Pretoria wohlweislich den Mund. Denn wird internationaler Luxus- oder Profi-Sport wie Golf, Rennfahren oder Tennis allüberall auf der Welt meist diskret über Banken organisiert, so werden in Südafrika auch beim Einkauf von Volkssporttouristen oft Unsummen ein- und umgesetzt. Eine halbe Million Mark pro Kopf für einen boykottbrechenden Rugbyspieler – ist das die Möglichkeit?

In der Leichtathletik geht es natürlich sehr viel bescheidener zu. Hier kommt es allein darauf an, Zugang zu den internationalen Wettkämpfen zu finden. Wenn also Zola Budd, das schmalbrüstige kleine Meisie aus Bloemfontein, wirklich Karriere und Geld machen wollte, dann blieb ihr einfach gar nichts anderes übrig, als Südafrika offiziell den Rücken zu kehren. Und tatsächlich war da schnell ein englischer Urgroßvater gefunden und somit der Anspruch auf die britische Staatsangehörigkeit hergestellt. Die behütende Mutter wollte das nicht, doch der ehrgeizige Vater drängte so lange, bis schließlich die elterliche Ehe auseinanderbrach und Papa Budd sich mit seinem Dogterlein nach England absetzte. Gerade noch rechtzeitig für die Olympischen Spiele in Los Angeles; für die knapp Achtzehnjährige jedoch, wie sich bald herausstellen sollte, viel zu schnell und zu früh.

Überladen mit den Hoffnungen und Erwartungen vieler Millionen frustrierter Landsleute stürzte das arme Provinzkind sich da verzweifelt in den Strom der Welt. Welcher Sportsfreund erinnerte sich nicht an Los Angeles, genauer an jene traurige Fernsehnacht, als das herzige kleine Entlein mit den kornblumenblauen Augen hinter dicken Brillengläsern, barfuß, wie sich das für ein Burenkind aus der Geburtsstadt Tolkiens, des Erfinders der Hobbits, geziemt, der amerikanischen Super-Konkurrentin auf der Dreitausendmeterbahn arglos zwischen die eifrigen Füße watschelte, so daß alle beide Athletinnen stürzten? Und aus der Traum?!!

Wahrlich traumatisch war freilich erst, was dann folgte. Denn kaum hatte der spätreife Backfisch zwei Nationen enttäuscht, die neue wie die alte Heimat, da wurde sie zur Symbolfigur des Gesamtproblems Südafrika und fand sich, politisch ahnungslos, wie sie aufgewachsen war, plötzlich mitten im Trubel anti-südafrikanischer Haßorgien. Wo immer sie startete, sprangen ihr couragierte Apartheidgegner in den Weg, und wann immer sie stolperte, war das eine Niederlage für das böse Botha-Regime.

Doch wann immer sie zu Mammatjie Tossie nach Hause flog, um die dünne warme Luft ihrer 1400 Meter über dem Meer liegenden Heimatstadt zu atmen oder auf dem Universitätsgelände von Stellenbosch mit ehemaligen Studienkameraden zu trainieren, erhob sich auch wieder heftiger Widerspruch: gerade damit helfe sie ganz gewiß dem Apartheid-System. Und natürlich platzten alle jene britischen Kollegen förmlich vor Neid, die sich noch kein Wintertraining in Kalifornien oder Florida leisten können. Zola benütze ihre britische Staatsbürgerschaft lediglich als »Flagge der Nützlichkeit«, in ihrem Herzen jedoch sei sie ein unkameradschaftliches Burenkind geblieben, und es sei nun an der Zeit, daß sie sich für die eine oder die andere Seite entscheide, murrten ihre abgehängten Trab-Kameraden: »Wenn Zola weiterhin die meiste Zeit in Südafrika verbringt, dann wissen wir, daß wir von ihr nur ausgenützt werden. Und das – das lehnen wir ab.«

Als sie im März 1986 in Neuchâtel in der Schweiz schließlich im Querfeldeinlaufen Weltmeisterin wurde, weigerte sich der schwarze Sportfunktionär aus Senegal sogar, ihr die durchaus verdiente Goldmedaille umzuhängen: »Ich kann ihr einfach keinen Preis geben, der als Propaganda für Südafrika gelten kann«, rechtfertigte er sich.

Mit neunzehn kaufte Miss Budd sich schließlich in Guildford, Surrey, südöstlich von London, ein kleines Haus, um ihre Seßhaftigkeit klar zu beweisen. Geld war natürlich schon lange kein Problem; allein in einem einzigen Rennen gegen ihre Angstgegnerin von Los Angeles hatte sie 90000 Pfund, also mehr als eine Drittel Million Mark, verdient. Natürlich wird sie hoch besteuert, und vor allem lebte auch ihr Trainer, der längst den Vater aus dem Felde geschlagen hatte, der Afrikaaner Labuschagne, nicht von Luft und Liebe allein.

Doch durch Monate gab es in ihrem neuen Backsteinhaus lediglich zwei Luftmatratzen, eine für ihren Betreuer und eine für sie. Auch ein Picknickkorb gehörte zur Einrichtung, mit Korkenzieher und Büchsenöffner, denn kochen kann das gute Kind ohnehin nicht. Da höhnte selbst ein nationalistischer südafrikanischer Sportreporter, er habe sie kürzlich in der Rekordzeit von 73,485 Sekunden interviewt, bevor sie in die nächste Maschine der South African Airways hingesprungen sei. »Erzählen Sie mir schnell von Ihrem Haus!« rief er ihr zu. »Ach, das ist ja so nett!« antwortete zerstreut der gestreßte Strampel-Star im Laufen. »Ich fahr ja ziemlich oft dorthin, meist nach einem Rennen oder so, um meine Siebensachen einzupacken, bevor ich dann wieder nach Hause fliege... Ich bin ja so froh, daß ich das gekauft habe – jetzt fühle ich mich noch viel englischer als davor. Gott schütze die Königin! Aber jetzt muß ich wirklich rennen, mein Guter!« »Schnell noch eine letzte Frage, Miss Budd, was halten Sie von dem Niveau des Sports in Südafrika?« »Wo bitte? Ach, tut mir leid, my boontje; du weißt doch, daß ich politische Fragen nicht beantworten darf.«

Ewig konnte das nicht so weitergehen – das war klar. Als das Sanktionsgeschrei immer lauter wurde, stellte man Miß Budd gezielt vor die Gretchenfrage: Wie hältst du's mit der Nation? Was blieb ihr übrig, als heilige Eide zu schwören, daß ihr Herz dort schlägt, wo ihr Bankkonto ist? Da mußte sie ihre Wohnung in Stellenbosch verkaufen, Piter Labuschagne, dem Mentor, den Laufpaß geben und der weinenden Mammatje einen Abschiedskuß. Ihr neuer Trainer, ein Harry Wilson, wurde in Südafrika sofort fachmännisch analysiert. Jawohl, er ist alt genug, eine echte Vaterfigur, und das ist's, was onse Zolatje braucht. Denn so ein emanzipiertes Weibsbild, das auf eigenen Beinen nicht nur läuft, sondern steht – dafür sorgt die Erziehung: das ist ein ordentliches Meisie aus dem Herzen des Burentums, aus Bloemfontein im Oranje Freistaat, nicht.

Die Neue

Man kenne sie doch, diese sturen Buren, mit ihrer Halsstarrigkeit, ja Todessehnsucht, wird man immer wieder belehrt. Ehe sie von der alleinigen Macht wieder ließen, die ihnen 1948 ein knapper Wahlsieg bescherte, würden sie das Land in den Untergang führen und für sich den kollektiven Selbstmord wählen – das sei nun einmal ihre Art. Man brauche ja nur ihre Geschichte zu lesen, von Jan van Riebeeck bis hin zu Ohm Krüger mit seinem ausgeprägten Ausländerhaß. Und erst über den Großen Burenkrieg!

Wie wär's denn, wenn das gar nicht stimmt? Nie wird nämlich dazugesagt, daß Ohm Paul erst 1904 im Schweizer Exil gestorben ist oder daß dieser große Krieg verlorenging und daß die Folge durchaus Verständigung war – 1902 schon der Friede von Vereeniging und schließlich 1910 die Union. Und war nicht der Führer der »United Party«, der Autor der Präambel der UN-Verfassung, Jan Smuts, ein waschechter Burengeneral? Gibt es nicht auch das lebensbejahende, verhandlungsbereite und rundweg aufgeschlossene Buren- oder Afrikaanertum? Selbstverständlich gibt es das.

Was schon bald kommen müsse, schrieb der wohl interessanteste südafrikanische Journalist, der aus sicherem Abstand in London die südafrikanische Szene analysiert, Stanley Uys, in »Business Day«, sei eine Neugruppierung der Parteien auf Seite der Weißen; möglicherweise eine Allianz zwischen der oppositionellen »Progressiv-Föderalen Partei« und den vorwärtsdrängenden, gesprächs-, ja kompromißbereiten jungen Nationalen; den »New Nats«.

»Skeptiker mögen behaupten«, schreibt Uys, »meine Phantasie gehe mit mir durch und der Wunsch nationalistischer Abgeordneter, mit dem Strom des Afrikaaner-Nationalismus zu schwimmen, sei einfach unwiderstehlich stark. Aber das hieße ja doch, die wachsende Krise außer acht zu lassen. Diese Krise kann sich nur noch vertiefen, nicht aber von selbst auflösen.«

Und er fährt energisch fort: »Wollen diese Skeptiker denn im Ernst behaupten, daß die Gesamtheit des Afrikaanertums lieber die Massada-Lösung wählt – nämlich nach ausgedehnter Belagerungszeit in einer gloriosen Explosion zugrunde zu gehen –, statt zu versuchen, mit ihrer schwarzen Opposition eine Lösung auszuhandeln? Ist das wirklich alles, was die heutigen Abgeordneten ihren Kindern hinterlassen wollen: ein verwüstetes Land, das man kaum mehr Heimat nennen kann?

In Wirklichkeit ist es doch wohl eher so, daß diese Vorstellung von den Afrikaanern als einem Volk von Selbstmördern ohne jeden Selbsterhaltungstrieb nur in der Phantasie einiger Menschen besteht. So weit darf man seinen Zynismus einfach nicht treiben.«

Selbst in der Regierung ahnt man es schon, daß die verfassungsmäßig festgelegte Ungleichheit der Rassen nicht gar so gottgewollt sein kann. Nur scheinen viele sich noch nicht ganz klar darüber zu sein, ob Gott höchstselbst das schon weiß. Immer deutlicher zeigt sich gerade in der Regierungspartei ein sich zusehends verschärfender Generationenkonflikt. Für die Alten ist »die Nation« im Namen ihrer Organisation noch immer ausschließlich das aus dem Großen Burenkrieg geborene, durch die eigene Sprache, Afrikaans, und durch die weiße Haut ausgezeichnete Afrikaanertum (also 60% der Weißen und nicht einmal zehn Prozent der Gesamtbevölkerung). Die Jüngeren jedoch meinen mit dem Begriff »Nation« zunehmend ganz Südafrika.

Es ist erst wenige Jahre her, daß die 1914 gegründete Nationale Partei auch Mitglieder aus anderen Sprachgruppen in ihren Reihen aufnahm, und erst seit 1985 gibt es den Partei-Ausweis in beiden offiziellen Landessprachen – Englisch und Afrikaans. Dieser Wandel mag – wie so manche Reform – Außenseitern bedeutungslos erscheinen; für weiße Südafrikaner wiegt er schwer. Immer häufiger gibt es zwischen den verschiedenen Gruppen innerhalb der seit 1948 alleine regierenden NP immer offeneren Krach: zwischen den uralten Nationalen, den reformbereiten, aber noch immer in den Mythen der Vergangenheit lebenden »verligten«, also »aufgeklärten« Nationalen und den jungen, den neuen, den sogenannten »New Nats«.

Wer sind diese jungen Nationalen, wie stark sind sie, wie

groß ist ihre Zahl; wie denken und was wollen sie? Darüber wird in Südafrika schon seit Anfang 1986 in aller Offenheit gerätselt.

Die Nationale Partei im Stadtrat von Johannesburg bestehe wohl aus drei Fraktionen, höhnte da beispielsweise ein progressiver Abgeordneter während einer sonst recht zähen Haushaltsdebatte. Da gebe es die »Old Nats«, die »New Nats« und die »Second-Hand Nats« (also die völlig verbrauchten, längst antiquarischen). Die Alten widersetzten sich gemeinsamen »Annehmlichkeiten« mit den anderen Bevölkerungsgruppen, sprich Rassen, die Antiquarischen meinten, man solle die öffentlichen Bedürfnisanstalten keinesfalls für alle öffnen, um nur ja nicht dem Staatspräsidenten bei seinen Reformen weiterzuhelfen. Der Standpunkt der Neuen aber werde wohl nur von Sheila Camerer vertreten, die nichts gegen gemeinsame Toiletten einzuwenden habe, solange es eine Klofrau gibt.

»Da kommt das Mädchen mit seinem Kaffer«, empörten sich die Antiquierten, als Sheila schon einige Monate zuvor im schlichten Volkswagen, aber mit schwarzem Chauffeur zu den Wahlversammlungen gefahren kam, während sie im Süden von Johannesburg unter den armen Weißen um Stimmen für einen Sitz im Provinzrat warb (der inzwischen im Rahmen der Reformen längst wieder aufgelöst worden ist).

Eine typische »poor white« ist Frau Camerer freilich nicht. Ihr Mann – ein Vorstandsmitglied der Deutsch-Südafrikanischen Handelskammer – vertritt hier eine Frankfurter Bank, sie selbst ist Junior-Partner in einer Johannesburger Anwaltskanzlei, ihre drei Kinder studieren im jeweils besten College oder Internat; der Sohn und die Zwillingstöchter natürlich separat. Das Haus der Familie, mit Bedienung, Schwimmbad und Tennisplatz, steht in einem noblen nördlichen Villenvorort. Als Hobbys gibt der Hausherr »Africana« und Segeln an. Er ist Mitglied der elegantesten Clubs.

Doch was immer gespielt wird, ob Tennis, Politik oder Bridge – die Siegerin heißt Sheila Camerer. Weil er keinen Sohn hatte, habe er seine Töchter zu Selbstbewußtsein und Ehrgeiz erzogen, sagte Daddy Badenhurst Durrant, ein alter Hase in Parlamentspolitik, einmal. Daß ihm das bei seiner zweiten Tochter rundum gelungen ist, hat noch niemand be-

Stets strahlende Siegerin – Sheila Camerer in ihrem Wahlkreis Rosettenville bei Johannesburg (Foto: The Star)

stritten, der sie kennt. Beste Schulen, dann die juristische Fakultät der Kapstädter Universität, wo die vielbewunderte langbeinige, langhaarige Schöne nicht nur zur »Ragqueen« gewählt worden ist, sondern wohl auch mit liberalem Gedankengut ein wenig intensiver geflirtet hat, als das für Töchter aus bestem Hause hierzulande üblich ist.

Da fragt man sich mit Fug und Recht: Warum wurde so jemand Mitglied der »Nationalen Partei«? »Die ›Nationale Partei‹ war und ist wohl weitgehend immer noch eine Organisation von und – wie mir oft scheinen will – auch für Afrikaans sprechende weiße Männer«, sagte sie unlängst selber vor Johannesburger Rotariern, also in einem geschlossenen Kreis. »Dennoch haben Sie mich, eine englischsprechende Frau, aufgefordert, zu Ihnen darüber zu reden, was man in der Nationalen Partei über die gegenwärtige Entwicklung in

Südafrika denkt. Das allein ist schon ein Beweis dafür, daß diese Partei sich verändert hat, auch wenn das langsam, für viele von Ihnen sicher allzu langsam, vonstatten geht.

Ich bin nicht etwa deshalb Nationalistin geworden, weil ich eine konservative Weltanschauung hätte oder gar die Politik der Apartheid unterstützte oder alles beim alten belassen sehen möchte. Genau das Gegenteil ist wahr: Ich mache mit, weil ich Reformen wünsche, weil ich Apartheid abschaffen will, und ich stehe hinter der Nationalen Partei, weil ich in einer NP-Regierung die einzige politische Kraft sehe, die hoffen kann, in unserem Lande einen friedlichen Wandel zu vollziehen, wenn das überhaupt möglich ist.

Ich bin wohl das, was man eine ›New Nat‹ nennt. Ich bin der Partei erst 1981 beigetreten. Aber der Begriff ›New Nat‹ meint mehr, als nur erst kurz dabeizusein. Lassen Sie mich aus der März-Ausgabe der Zeitschrift ›Frontline‹ zitieren, was deren politischer Kommentator Dries van der Heerden über uns denkt:

›Was die New Nats für wesentliche, ja eilige Schritte in Richtung Wandel halten, würde Verwoerd (den großen Apartheid-Ideologen) sich im Grabe umdrehen lassen:

1. Abschaffung des Gruppengebietsgesetzes (das den einzelnen Rassen getrennte Wohngebiete zuweist)
2. Abschaffung des Gesetzes, das getrennte Annehmlichkeiten vorschreibt
3. ein einziges Erziehungsministerium und ein einheitliches Erziehungssystem für alle
4. Abschaffung jeglicher Form der Zuzugskontrolle
5. Einführung von regionalen Lösungen für Südafrikas Probleme einschließlich des Buthelezi-Planes für Natal und Kwa-Zulu.

Die neuen Nationalen glauben darüber hinaus, Mandela sollte freigelassen und das Verbot des ANC sollte aufgehoben werden. Direkte Verhandlungen zwischen der Regierung und dem ANC sollten sobald als möglich beginnen.‹

Auch wenn das vielleicht ein wenig vereinfacht ist – in dem, was der Autor dieses Artikels da schreibt, ist eine ganze Menge wahr«, fügt Sheila Camerer hinzu. »Ganz sicher gibt es schon jetzt eine große Zahl von Abgeordneten in der Nationalen Partei, die der Meinung sind, jegliche verfassungsmäßige Rassen-Diskriminierung müsse sofort verschwinden. Eine ganze Reihe von NP-Vertretern diskutiert regelmäßig mit schwarzen Führern und hat auf diesem Wege schon das Vertrauen von vielen Schwarzen gewonnen. Rina Venter, die einzige Frau in der Fraktion der Nationalen im Parlament, und ich – wir führen gemeinsam mit einigen anderen weiblichen Nationalen regelmäßig Gespräche mit führenden schwarzen Frauen, einschließlich solcher, die recht radikal sind; und Rina hat schon oft als Vermittlerin gedient, indem sie deren Bitten und Beschwerden an die zuständigen Kabinettsmitglieder weitergeleitet hat. Ein positives Ergebnis war zum Beispiel, daß es den Kindern im Gefängnis gestattet wurde, Ende des vergangenen Schuljahres ihre Jahresschlußexamen nachzuschreiben. Ich bin überzeugt davon, daß die Mehrheit der Parteimitglieder zunehmend so denkt wie wir.«

Die Mehrheit vorerst wohl kaum. Aber man kann getrost davon ausgehen, daß »die schweigende Mehrheit«, nämlich das Gros der Mitläufer, die es in jeder so lange unangefochten regierenden Partei geben muß, ihr Jäcklein geschwind in diesen Wind hängen wird, sobald sich herausstellt, daß Genosse Trend in diese Richtung bläst. Plötzlich werden sie dann alle »schon immer« New Nats gewesen sein.

Sheila Camerer ist es schon jetzt. Und sie kann gewichtige Gesinnungsgenossen nennen; wie zum Beispiel den Chefredakteur der afrikaanssprachigen Sonntagszeitung »Rapport«, die vor allem von Mischlingen gelesen wird, der freilich im März 1987 seinen Hut nehmen mußte.

»Auffallend ist«, schrieb de Klerk in einem seiner Leitartikel, »wie die Unzufriedenheit unter den Nationalisten wächst, und zwar nicht etwa darüber, daß sich die Regierung zu schnell voranbewegte, sondern zu langsam. Die Antwort liegt in dem Wort Initiative. Initiative im Sinne eines energischen Schrittes zur wirklichen, vollständigen und tiefgreifenden Machtteilung hin. Eines Schrittes in Richtung der Beseitigung aller Überbleibsel von Apartheid. Eines Schrittes in Richtung einer Ordnung, die von allen als etwas vollkommen Neues in der südafrikanischen Politik angesehen werden kann.«

Vielleicht ist hier am Rande bemerkenswert, daß unter der

Protektion dieses unerschrockenen Journalisten aus stockkonservativem Afrikaanerclan eine junge Frau namens Anne-Marie Mischke in aller Stille die wohl klarsten und zugleich tiefgründigsten politischen Analysen veröffentlichen konnte, die in der gesamten afrikaanssprachigen Presse zu finden sind.

Sheila Camerer ist sicher ein wenig naiv, wenn sie in »einer Koalition gemäßigter politischer Gruppen aller Rassen« das Allheilmittel für das sterbenskranke Südafrika sieht. Wenn sie glaubt (oder zu glauben vorgibt), daß schon dadurch die Radikalen, rechts wie links und weiß wie schwarz, nicht nur in ihre Schranken verwiesen, sondern gleich sich in Luft auflösen würden. Wenige Minuten später schon verrät sie auch, daß sie sich dessen gar nicht so sicher ist; denn plötzlich verficht sie staatliche Gewalt. Sie spricht von einer »gewissen starken Polizei- und Militäraktion«, die notwendig sei, die Lage unter Kontrolle zu bringen. Diese dürfe freilich nicht im Namen der Rassendiskriminierung durchgezogen werden. Ihr Wort in Bothas Ohr.

»Nun, ich denke, Sie müssen selber darüber befinden, ob die Regierung sich geschickt genug verhält«, sagt sie zu ihren überwiegend konservativen, englischsprachigen Zuhörern, die jetzt schon eine ganze Stunde lang aus dem Staunen nicht herausgekommen sind. »Was jedoch für jeden einigermaßen informierten Menschen auf der Hand liegen sollte, ist, daß nur die NP-Regierung irgendeine Chance hat, jene Reformen durchzuführen, die nötig sind, um eine Koalition der Mitte aller Rassen zustande zu bringen. Das ist es wohl auch, warum die New Nats, deren Ideen oft links von denen der Progressiven sind, der Nationalen Partei die Treue bewahren. Wie ein anderer New Nat sich ausgedrückt hat: ›Wir müssen unsere Ideen so nahe wie irgend möglich am Sitz der Macht vertreten.‹ Die New Nats hoffen, dabei mitzuwirken, daß die Nationale Partei zu einer Zugmaschine des Wandels wird – für ein besseres Südafrika.« Ein großes Wort.

Ein außenstehender Beobachter konnte nur hoffen, daß diese Salonrevolutionäre auch bald zu der Einsicht gelangen, daß ihr Reformzug, bei allem Schall und Rauch, auch weiterhin nur auf der Stelle stehen wird, wenn sie nicht endlich ihre alles bremsenden antiquierten »second-hand«-Kameraden hinauswerfen und zum Teufel jagen.

Anfang 1987 verloren einige New Nats die Geduld. Sie verließen ihre alte Partei und traten als unabhängige Kandidaten an, unterstützt von der gesamten Afrikaaner-Intelligenz. Sheilas Rede ist identisch mit deren politischem Manifest. Bei den Parlamentswahlen am 6. Mai hat nur einer dieser »Unabhängigen« das Klassenziel erreicht. Sheila jedoch zog zugleich wie immer im Gefolge Bothas in die Nationalversammlung der weißen Südafrikaner ein.

Das einsame Heimchen

Als Mitte 1985 ein südafrikanisches Meinungsforschungsinstitut im Auftrag der Londoner »Sunday Times« einen repräsentativen Durchschnitt städtischer schwarzer Südafrikaner fragte, wen sie am liebsten zum Staatspräsidenten wählen würden (wenn sie denn wählen dürften), da stimmten 49% für den lebenslänglich eingesperrten Widerstandskämpfer Nelson Mandela, 24% für den Friedensnobelpreisträger Bischof Desmond Tutu und, gleich an dritter Stelle, überraschende 11% für eine weiße Frau: Helen Suzman, Abgeordnete der progressiv föderalen Oppositionspartei. Kein anderer Weißer hatte auch nur einen einzigen Prozentpunkt für sich verbuchen können; selbst Staatspräsident Botha nicht.

Die südafrikanische Sonntagszeitung »Sunday Tribune« konnte sich Helen Suzmans hohen Stimmenanteil nur so erklären, daß einige Schwarze es für unrealistisch gehalten hätten, einen schwarzen Präsidenten zu nominieren, und sich deshalb für den »akzeptabelsten« weißen Kandidaten ausgesprochen hätten. Doch es bleibt überraschend: Im Männerland Südafrika war in einem bestimmten historischen Augenblick der bei den Schwarzen beliebteste Weiße eine damals fast achtundsechzigjährige energische kleine Frau.

28 Jahre lang (von 1953 bis 1981) war sie das einzige weibliche Wesen in einem 177 Männer starken Parlament, 13 Jahre lang (von 1961 bis 1974) sogar die einzige Vertreterin ihrer »Progressiven Partei« in dieser Nationalversammlung gewesen. Das »Heimchen im Dornbusch«, wie ihre Gegner sie nannten, war eine einsame ungebrochene Stimme der Kritik in einem sonst einhellig konformistischen Repräsentantenhaus gewesen. Sie mußte in all diesen Jahren mit vielen Widerständen kämpfen, doch leicht gab sie nie auf.

Sie selbst erklärt ihre außergewöhnliche Zähigkeit mit ihrer Herkunft aus einfachen Verhältnissen: »Alles wurde bei uns nur durch Arbeit erreicht.« Ihr Vater, Samuel Gavronsky, war ein Metzger aus einem Städtel in Litauen gewesen, der

1904 nach Südafrika ausgewandert war. Ihre Mutter, Frieda David, starb zwei Wochen nach Helens Geburt im November 1917 an der weltweit wütenden Spanischen Grippe. So wuchs sie, gemeinsam mit ihrer älteren Schwester, im Hause einer strengen Tante auf.

Sie genoß eine gute Erziehung, die sie jedoch, wie sie selbst sagt, keineswegs zur Intellektuellen werden ließ, aber ihrer besonderen Begabung, die Bedeutung von Einzelheiten und Vorgängen zu erkennen und schnell und richtig in größere Zusammenhänge einzuordnen, sehr zugute kam. Als Studentin der Wirtschaftswissenschaften lernte sie 1936 eher zufällig in einem Johannesburger Reitclub den schon angesehenen Arzt Moses Meyer Suzman kennen, dessen Familie aus Rußland stammte. »Mosie«, scherzt Helen, »besaß ein Pferd, auf das ich ganz wild war. Um das zu bekommen, mußte ich ihn wohl oder übel heiraten.« Es wurde eine überaus haltbare und glückliche Ehe, basierend auf gegenseitiger Toleranz.

Zwei kleine Töchter hinderten die junge Mutter daran, aktiv am Weltkrieg teilzunehmen; aber als »Nur-Hausfrau« mit beliebig vielen Angestellten hielt sie es auf die Dauer nicht aus, und so kehrte sie 1941 an die Universität zurück.

Ihr damaliger Professor, Herbert Frankel, beschrieb seine Lieblingsschülerin Helen Suzman später als auffallende Begabung: »Was all ihre wissenschaftlichen Arbeiten auszeichnete, war ihre Originalität. Sie verstand es immer, ihre Studienerfahrungen auf dringende aktuelle Probleme anzuwenden. Sofort erkannte sie den Kern einer Streitfrage, die Schwächen und Stärken eines Argumentes, und sie fürchtete sich nie, offen Stellung zu beziehen.« Das läßt sich auch heute noch von ihr sagen.

Zunächst blieb sie an der Universität vom Witwatersrand, wo sie sich auf die Wirtschaftsgeschichte Südafrikas spezialisierte und mit ihren geistreichen, lebhaften Vorlesungen bald viele Hörer hatte. Ihr Fach zwang sie dazu, sich mit den sozioökonomischen Problemen ihres Landes auseinanderzusetzen, und führte nahezu automatisch zu politischem Engagement. Wenn man an den herrschenden Mißständen etwas ändern wollte, dann konnte man das allenfalls durch direkte politische Aktion erreichen, erkannte sie bald, und 1948 trat sie in die damals gerade noch regierende United Party ein.

»Südafrika im Jahre 2000 wird ganz anders sein: Eine Demokratie ohne Rassentrennung, hoffentlich!« Zum neunten Mal kämpft hier Helen Suzman um einen Sitz im Parlament (Foto: The Star)

Kurz darauf fanden Wahlen statt. Die Nationale Partei der Buren übernahm mit ganz knapper Mehrheit die Macht, von der sie fortan nicht mehr lassen wollte, und zwang die United Party in die Opposition. 1953 wurde Helen Suzman von ihrem Wahlkreis Houghton, einem eleganten, überwiegend englisch-jüdischen Vorort von Johannesburg, direkt ins Parlament gewählt.

Ihre Biographin, Joanna Strangwayes-Booth, zitiert einen Brief Helens aus diesen Tagen an einen Freund: »Ich bin mir gar nicht sicher, ob ich das Richtige getan habe. Mosie hatte gesagt, ›versuch's doch mal‹, und genau das habe ich getan, und dann ist das doch tatsächlich gelungen! Jetzt muß ich das Vertrauen meiner Wähler irgendwie rechtfertigen: Die brennende Frage ist, kann ich das? Selbst wenn ich meine Prinzipien habe und versuche, daran festzuhalten, gibt es die allmächtige Fraktion, die diesem neuen Mädchen den Mund verbieten kann. Nun gut, ich will's denn man versuchen.«

Das war der Anfang einer der erfolgreichsten Parlamentskarrieren unserer Zeit. Immer in der Opposition. 1959 fiel die United Party in einen konservativen und einen liberalen Flügel auseinander, und die »Linken« gründeten unter der Schirmherrschaft des Minenmagnaten Harry Oppenheimer eine neue, »progressive« Partei. »Dieser Bruch war nötig gewesen, nicht so sehr, um die ohnehin geschwächte Opposition zu spalten, wie vielmehr, um überhaupt endlich eine wirksame Opposition zu etablieren«, sagt Frau Suzman rückblickend.

Immer wieder war es in den folgenden Jahren sie ganz allein, die den gewalttätigen Buren Widerstand bot und diese immer wieder zur Besinnung rief. So zum Beispiel 1960, als – genau wie 1985 – infolge von schweren Unruhen in den schwarzen Wohngebieten von der im Grunde ratlosen Regierung der nationale Notstand ausgerufen worden war. »Ich plädiere an die Mitglieder [des Parlamentes], endlich einzusehen, daß Bannbefehle, Gewalt und Starrsinn die Probleme Südafrikas nicht lösen können... Eine Bewegung, die sich gewaltlosen Maßnahmen verschrieben hat, zu unterdrücken, bedeutet nur, daß Organisationen, welche Gewalt befürworten, entstehen werden. Menschen zu bannen, bedeutet nicht, daß deren Ideen verschwinden; es bedeutet vielmehr, daß diese Menschen in den Untergrund gehen, daß die Entwicklung schwieriger zu kontrollieren wird und daß man dadurch keineswegs die Auflehnung in den Herzen der Menschen gegen echte Sorgen und Nöte abschaffen kann.«

Diese leidenschaftliche Rede, deren tiefe Wahrheit heute, ein reichliches Vierteljahrhundert später, nur allzu offensichtlich ist, habe auf die Herren Minister damals nicht den geringsten Eindruck gemacht, wird von Augenzeugen berichtet. Einer von diesen unterbrach sie sogar, um höhnisch dazwischenzurufen: »Ich vergebe Ihnen; Sie sind sehr naiv; Sie sind halt eine Frau!«

In ihrer Enttäuschung über diese Reaktion beschloß Helen Suzman, auch außerhalb dieses Männerclubs tätig zu werden. Sie bat den Justizminister, politische Häftlinge besuchen zu dürfen; und da auch er sie nicht für voll nehmen konnte, ohne sich lächerlich zu machen, willigte er ein. Am folgenden Sitzungstag berichtete sie im Parlament, daß die Häftlinge sich seit vier Tagen im Hungerstreik befänden, und sie zählte deren Beschwerden auf. »Sie machen mich lachen«, grinste der Minister herablassend; jedoch die Verhältnisse in den Gefängnissen besserten sich.

1961 wurde Helen Suzman als einziges Mitglied ihrer neuen Partei wiedergewählt. Dreizehn Jahre lang war sie von nun an völlig allein – als einzige Frau und als einzige Progressive in diesem weitgehend gleichgeschalteten Parlament. Diese Zeit wäre wohl völlig unerträglich gewesen, erzählt sie heute, hätte nicht der »Speaker« (der Vorsitzende) des Volksrates, ein stockkonservativer Bure namens Klopper, unbeirrbar seine schützende Hand über sie gehalten. Aus Haß auf die alte United Party und aus Liebe zum Alten Testament habe dieser seltsame Mann sie immer nach Kräften protegiert; vielleicht auch aus Respekt vor ihrer gewissenhaften Parlamentsarbeit und ihrem unermüdlichen Fleiß, der sie bis heute nie unvorbereitet in eine Sitzung gehen läßt. Klopper gewährte ihr grundsätzlich das Maximum an Redezeit, und sie nutzte diese dann ebenso grundsätzlich zu entlarvenden Fragen an die Regierung, vor allem an die Ressortchefs für Polizei und Justiz, aus.

Diese Methode ist ihre Taktik geblieben: durch Wortmeldungen im Parlament Dinge an die Öffentlichkeit zu bringen, über die zu berichten in Südafrika sonst unmöglich wäre (alle Aussagen vor dem Parlament und vor Gericht stehen hierzulande außerhalb der Kontrolle der Zensur). Auch heute noch sind ihre Anfragen, vor allem an den Polizeiminister, ein wichtiges Element öffentlicher Information. Und die Männer auf der Regierungsbank (dort saß in diesem Land noch nie eine Frau) haben die zierliche Person mit den knallblauen Augen, dem kräftigen, inzwischen grauen Lockenhaar und den knallharten Fragen nicht nur zu achten, sondern auch zu fürchten gelernt.

Doch eine Frauenrechtlerin ist Helen Suzman nicht. Die Befreiung der Frau in ihrem Heimatland ist für sie Nebensache angesichts der vielen ungelösten Probleme, die es hier gibt. »Es ist nicht meine Aufgabe, für andere Frauen zu kämpfen und ihnen zu sagen, was sie mit ihrem Leben anfangen sollen«, sagte sie einmal in einem Interview. Sie fühlt sich vielmehr dazu berufen, für alle Rechtlosen aufzutreten, und seien das nun Frauen, Männer oder Kinder, seien sie schwarz, braun oder weiß.

Und sie sieht ihre Aufgabe als Abgeordnete nicht nur darin, immer neue Gesetze zu schaffen, sondern auch hinauszugehen unter die Betroffenen und mit eigenen Augen zu sehen, was diese Gesetze dann für das Leben all derer bedeuten, für – und nicht gegen – die sie ja schließlich gemacht sein sollten.

Als Anfang 1986 der Führer ihrer »Progressiv Föderalen Partei«, Frederik van Zyl Slabbert, aus Enttäuschung über die geringe Wirkung seiner parlamentarischen Arbeit zurücktrat und die inzwischen auf 26 Abgeordnete angewachsene offizielle Oppositionsfraktion verließ, traf dieser Entschluß seine Banknachbarin und Kampfgefährtin Helen Suzman bis ins Mark: Im Grunde hatte Slabbert ihr mit diesem Schritt bedeutet, sie habe ihr ganzes Leben mit einer »grotesken Übung in Belanglosigkeit« vertan. Doch sie erholte sich schnell auch von diesem Schock: »Die einzige Gelegenheit überhaupt, Streitfragen aufzugreifen und die Regierung für ihre Taten zur Rechenschaft zu ziehen, ist und bleibt das Parlament«, behauptet sie beharrlich. »Kaum eine Woche vergeht (und ich bin sicher, daß ich das für viele meiner Kollegen sagen kann), ohne daß ich Gelegenheit hätte, mich für Menschen einzusetzen, die Hilfe brauchen. Ich glaube wirklich nicht, daß ich einfach den Telephonhörer aufnehmen und den Chef der Sicherheitspolizei anrufen könnte, wenn ich nicht die bevorzugte Stellung einer Abgeordneten hätte.«

Ein Leserbrief in einer Johannesburger Tageszeitung sprach dann offen aus, was viele dachten: »Gibt es denn auch nur einen einzigen einigermaßen aufgeklärten Menschen, der im Ernst glaubt, daß dieses Land während der vergangenen dreiunddreißig Jahre besser daran gewesen wäre ohne eine Helen Suzman im Parlament? Wo stünden wir denn heute ohne ihre unermüdlichen Fragen, ohne ihren Kampf gegen jedes einzelne Stück oppressiver Gesetzgebung, ohne ihre enormen Anstrengungen und auch Leistungen im Bereich der Gefängnisreform, ohne ihre konstante Wachsamkeit und unablässige Bemühung um Menschenrechte? Ich glaube nicht, daß ihren Beitrag irgend jemand belanglos nennen kann.«

Und als schließlich, im Juni 1986, die allseits verhaßten Paßgesetze und diskriminierenden Zuzugskontrollen vom Volksrat der Weißen abgeschafft wurden, rief ein Kreis von Fraktionskollegen in herzlicher Anerkennung ihrer Leistung im Chor: »Bravo, Helen, das hast du gut gemacht.« Dreiunddreißig Jahre, drei Monate und drei Tage hatte sie bei jeder sich bietenden Gelegenheit gegen diese unmenschlichen Gesetze angekämpft. Daß diese auch jetzt noch nicht gegen den Willen der immer noch allmächtigen Regierung hätten abgeschafft werden können, und daß sie, ganz nach deren Wunsch, jederzeit durch neue Restriktionen ersetzt werden konnten, das ist nun wahrlich nicht Helen Suzmans Schuld. Was innerhalb der bestehenden Ordnung von einem einzelnen Menschen getan werden konnte, hat sie getan.

Operation Ina

»Das ist Wahnsinn«, empört sich allabendlich der südafrikanische Satiriker Pieter-Dirk Uys ungestraft vor überwiegend regierungskritischem Publikum. »Ich meine die fünf Milliarden sechshundert Millionen Rand, die allein im vergangenen Jahr zur Aufrechterhaltung des Apartheid-Systemes ausgegeben worden sind. Hätte die Regierung diese Geldsummen für und nicht gegen ihre Untertanen verwendet, dann hätten diese heute einen vollen Magen und ein Dach überm Kopf.« Versuchen wir, uns das vorzustellen: 5 600 000 000 Rand, das wären 93 Milliarden, 333 Millionen, 333 Tausend und 333 warme Mahlzeiten. Denn ein Kleinkind einmal täglich mit ausreichenden Proteinen und Kohlehydraten zu versorgen, das kostet hier nicht mehr als fünfeinhalb Pfennige oder sechs südafrikanische Cents.

»Natürlich ist es Wahnsinn«, pflichtet Ina Perlman, die Leiterin der Hilfsorganisation »Operation Hunger« ihrem Landsmann unumwunden bei, »daß wir mit privaten Mitteln leisten müssen, was die Pflicht unserer Regierung wäre.« Natürlich ist es Wahnsinn, daß in einigen Gebieten eines der reichsten Länder der Erde der feststellbare Grad der Unterernährung erheblich höher liegt als in den armen, von Bürgerkriegen erschütterten, noch jungen und angeblich so erfolglosen schwarzen Nachbarstaaten; daß hier seit September 1986 mehr als eine Million Menschen von der täglichen Speisung durch »Operation Hunger« abhängig sind – darunter neuerdings auch einige weiße Familien –, um überhaupt am Leben zu bleiben. Dazu kommen noch etwa 600 000 hungrige Münder, für die kleinere Organisationen Sorge tragen.

Hunger sei nun einmal das natürliche Korrektiv, das der Überbevölkerung der Erde gegensteuere, kann man auch Menschen sagen hören, die keineswegs des Zynismus verdächtig sind. Aber von Überbevölkerung kann im Falle der Republik Südafrika mit ihren rund 32 Millionen Menschen (zuverlässige Zahlen gibt es nicht) auf 1 221 042 Quadratkilometern wohl kaum ernstlich die Rede sein: Das sind nur 26 Einwohner pro Quadratkilometer. Tatsächlich überbevölkert sind jedoch die den schwarzen Südafrikanern zugeteilten Reservate, denen man gnädig von oben herab den euphemistischen Namen »homelands«, also Heimatländer, gab: 13 % der Gesamtfläche des Staates für de jure drei Viertel, de facto fast die Hälfte der Bevölkerung Südafrikas.

Und das eigentliche Problem ist gar nicht der Tod, sondern das sind die langfristigen sozialen und psychischen Schäden, die überhaupt nicht abzusehen sind. »Kinder bedeuten den Reichtum eines Landes, doch direkt vor unserer Tür kümmern Hunderttausende dahin, die in ihrer Entwicklung, körperlich wie geistig, für den Rest ihres Lebens geschädigt sind. Die meisten von ihnen werden wahrscheinlich nie in der Lage sein, ökonomisch auf eigenen Beinen zu stehen und somit positiv zur Entwicklung ihres Landes beizutragen«, erklärt Ina Perlman resigniert. »Man muß die Verzweiflung dieser Menschen in den Notgebieten sehen, um die schreckliche Wirklichkeit dieses Landes überhaupt erfassen zu können: In den besten dieser Regionen fleht man uns zur Zeit um fünfzig Prozent mehr Hilfe an als noch vor einem Jahr; in den schlechtesten um hundert Prozent. Die Lage ist vollkommen außer Kontrolle geraten...«

Wie konnte das nur so weit kommen in einem Land, das über 49 % aller Gold-, 72 % aller Platin- und 82 % aller Manganerz-Reserven der Erde und viele andere kostbare Mineralien verfügt und mit einem nahezu perfekten Klima gesegnet ist? Mehr als vier Jahre extremer Dürre fordern natürlich ihren Tribut: Große Mengen Viehs haben notgeschlachtet werden müssen, und die oft nur handtuchgroßen Anbauflächen in den Homelands waren meist zu trocken, als daß gesät werden konnte oder die Saat aufging. Die weißen Farmer hatten natürlich kaum minder zu leiden und entließen infolgedessen Personal. Allein 1983/84 wurden von den großen südafrikanischen Maisproduzenten eine Viertel Million Landarbeiter nach Hause geschickt. Als daraufhin staatliche Finanzhilfe bewilligt wurde, steckten die Gutsherren das Geld lieber in Maschinen- als in Menschenkraft; und damit gingen die meisten Arbeitsplätze ein für allemal verloren. Anfang 1986 betrug die Zahl der Saison-Arbeiter – für die

An einem Samstag wie jedem anderen – unermüdlich bietet Ina Perlman auf dem Flohmarkt Ndebele-Puppen an
(Foto: Dorothea Razumovsky)

Homelands sind sie ein lebenswichtiger Einkommenszweig – nur noch ein Viertel von vier Jahren zuvor.

Doch dieser katastrophalen Situation zugrunde liegt ein viel tieferes strukturelles Problem: Nur noch 8 % der schwarzen Bevölkerung sind Subsistenzbauern im ursprünglichen Sinne, das heißt, daß sie sich selbst ernähren könnten. Das ist die direkte Folge der Homeland-Politik und des gesamten politischen Systems. Eine Durchschnittsfamilie von fünf Personen auf dem Land bräuchte zum Überleben 95 Rand monatlich; aber schon 1981/82 lag das Durchschnittseinkommen dort zwischen 49 und 60 Rand. Von einem Gehalt zehren zudem nicht fünf, sondern gewöhnlich neun abhängige Menschen.

Schon 1980 verfügten neun Millionen Schwarze in ländlichen Gebieten über Einkommen unterhalb der international gültigen Armutsgrenze, und 1,4 Millionen von diesen sahen überhaupt kein Geld. Fast drei Millionen Kinder unter 15 Jahren innerhalb Südafrikas erreichen nicht annähernd die internationalen Richtlinien in der Relation zwischen Alter, Körpergröße und Gewicht, sondern leiden an klinisch objektiv feststellbarer Unterernährung. 55 % aller Todesfälle unter Schwarzen betreffen Kinder unter fünf Jahren. Zum Vergleich: bei ihren weißen Landsleuten sind das nur 7 %.

So brutal sind die Fakten, die die zarte kleine, nun schon ältere Dame in aller Ruhe vorlegen kann. Das heißt, sie wirkt ganz ruhig dabei, doch der Aschenbecher, der auf dem Schreibtisch vor ihr steht, füllt sich zusehends mit Zigarettenstummeln und das kleine Zimmer immer dichter mit Rauch. Falsche Gefühlsduseligkeit hat sie sich schon lange abgeschminkt, aber noch immer ist sie mit dem Herzen dabei.

Ursprünglich war Ina »nur« Hausfrau gewesen – Partnerin eines vielbeschäftigten Arztes und Mutter der gemeinsamen Kinderschar. Erst als sie es sich zeitlich leisten konnte, begann sie beim »Südafrikanischen Institut für Rassenbeziehungen« mit intensiver Sozialarbeit. Zunehmend konzentrierte sie sich auf Notstandsgebiete und die Frage, wie da zu helfen sei. Ein »Hunger-Concern-Programm« machte 1980 auch andere auf die Problematik aufmerksam. Schon damals, zu Beginn der großen Trockenheit, gab es Schätzungen, daß in einigen Gegenden bereits 30 % der Landbevölkerung gestorben seien und weitere 50000 im Winter sterben würden, wenn weiterhin nichts geschah. Mindestens 350000 Kinder im Vorschulalter waren längst rettungslos in den Teufelskreis von Unterernährung und Krankheiten verstrickt.

Zehn Organisationen taten sich damals zusammen, um »Operation Hunger« zu gründen: der »Bund schwarzer Hausfrauen«, der »Bund katholischer Frauen«, eine sogenannte »Gesellschaft der Freunde«, die »Union Jüdischer Frauen«, die »Vereinigte Schwesternschaft der Progressiv-Jüdischen Glaubensgemeinschaft«, der »Zentrale Islam-Fonds«, das »Hausangestellten-Projekt«, das schon genannte Institut für Rassenbeziehungen, die Mission »DIV« der anglikanischen Diözese von Johannesburg und »Frauen für den Frieden« (Women for Peace).

Sofort wurde eine Spendenaktion ins Leben gerufen, die in kürzester Zeit 90000 Rand zusammenbrachte – Ina Perlman war alleinverantwortlich. In den Jahren 1981/82 wuchs »Operation Hunger« etwa gleich schnell mit dem Bedarf. Bis April 1982 erhielten 50000 Menschen Hungerhilfe – ein Jahr später waren es 120000 und im Juli 1983 schon annähernd 700000. Im Oktober 1984 war vollends klar, daß mit den Pfennigspenden der Normalverbraucher dem Problem nicht mehr beizukommen war. »Operation Hunger« machte sich selbständig, behielt aber die Gründungsmitglieder im Stiftungsrat. Jetzt ging's ans große Geld. Und tatsächlich stellte die südafrikanische Großfinanz schon bald ein Paket von vier Millionen Rand zur Verfügung, für den erkennbar guten Zweck.

Zunächst hatte der Schwerpunkt der Hilfe auf Anregung zur Selbsthilfe gelegen – jetzt ging es um brennende Not. Aber auch weiterhin wird auf zwei Gleisen gefahren: Kurzfristig steht die Ernährung von Kindern unter zwölf Jahren im Vordergrund, wobei den zwei- bis fünfjährigen besondere Aufmerksamkeit gilt. Um sie vor körperlichen und geistigen Schäden zu bewahren, werden sie mit hochwertigen Proteinen versorgt. Langfristig geht es der Organisation aber auch weiterhin darum, den Gemeinden bei Selbsthilfe-Programmen zu assistieren, die das Einkommen bleibend erhöhen und allmählich eine gewisse Unabhängigkeit von äußeren Geldquellen gewährleisten können.

Grundsätzlich werden diese Projekte nicht im Namen von »Operation Hunger« aufgezogen, sondern durch Organisationen, die in der jeweiligen Dorfgemeinschaft verwurzelt sind. Ein zweites Prinzip ist, daß nur solchen Gebieten geholfen wird, die ausdrücklich darum gebeten haben, und auch das nur dann, wenn objektiv dort Not besteht und wenn sie sich dazu verpflichten, an der Planung und Verwirklichung ihres Projektes mit vollem Einsatz mitzuwirken. »Jedes Projekt bedeutet Partnerschaft. Wenn die Gemeinschaft da nicht hundertprozentig mitspielt, bekommt man unweigerlich Fehlentwicklungen wie in Äthiopien«, erläutert Frau Perlman – aus jahrelanger Erfahrung klug. »Die Gemeinschaft muß wissen, daß das einzig und allein ihr eigenes Programm und daß niemand sonst dafür verantwortlich ist. Zwei Drittel der Menschen, denen wir helfen, wissen deshalb nicht einmal, daß ›Operation Hunger‹ dahintersteckt.«

Wie sieht das in der Praxis aus? Man muß Ina Perlman aufs Land begleiten, um zu erfahren, wie das läuft. Zum Beispiel in eine der trostlosen Gegenden im Homeland Lebowa, im nördlichen Transvaal, wo das Wasser inzwischen so knapp geworden ist, daß die Menschen die Nacht über dafür anstehen müssen, am einzigen tröpfelnden Hahn.

Inas Partner ist jeweils eine Vertrauensperson, die von der Dorfgemeinschaft geachtet wird und die tatsächlich hält, was sie verspricht: ein Pfarrer hier, eine Lehrerin dort, eine Nonne, ein Schulleiter, ein Arzt. Zunächst fand die Speisung der Kinder fast überall in der Schule oder auf dem Schulhof statt. Im Laufe der Unruhen aber hat man sich ein wenig von diesen Zentren der Agitation hinwegbewegt, damit auch in Zeiten von Schulboykotts die Kinder zu ihrem Essen kommen.

Die kleinen Mädchen bringen das Wasser vom Fluß, vom Brunnen oder vom kommunalen Wasserhahn, in irgendeinem x-beliebigen Gefäß. Die Bübchen haben unterdessen Brennholz zu sammeln, eine Mutter zündet das Feuer an, eine andere mißt das Pulver zu, hinein in den dreibeinigen gußeisernen Topf. Der Brei wird gekocht und umgerührt und schließlich gleichmäßig ausgeteilt, während eine Frau, die lesen und schreiben kann, die Empfänger auf einer Liste abhakt. So weiß man schnell, ob jemand fehlt; man kann hingehen und nach dem Rechten sehen.

Keine weiße Dame mit süßlichem Lächeln verteilt hier großmütig milde Gaben unters Volk. Kein putziges kleines Negerlein nickt – wie früher bei uns am Kirchenausgang – mechanisch-dankend mit dem Kopf. Vorbei die Zeit, da der weiße Mann durch solcherlei Wohltätigkeit schnurstracks in seinen Himmel kam, während der Empfänger, das gottlose Heidenkind, ehrfurchtsvoll zu ihm aufblicken durfte.

Ein landwirtschaftliches oder gärtnerisches Langzeitprojekt kostet durchschnittlich 20000 Rand. Wenn es Wasser gibt, genügen drei Hektar, und das Überleben von 200 Familien ist garantiert. Pro familia hundert Mark. Die Verwaltungskosten sind bei »Operation Hunger« noch immer minimal.

Die Maschendrahtzäune werden selbst fabriziert, die Sonnenplanen selber genäht, die Backsteine eigenhändig geformt; und dank der ständigen Anregung blüht auch das Kunsthandwerk auf. Grundsätzlich soll kein Lastauto, das Nahrungsmittel herangebracht hat, jemals vollkommen leer in die Stadt zurückfahren. Es nimmt Töpfe, Körbe, Perlenstickerei, Teppiche und Näharbeiten mit, die dort, auch für den Export, feilgeboten werden. Auf dem Flohmarkt im Zentrum Johannesburgs steht samstags gewöhnlich Frau Perlman höchstselbst am Verkaufsstand ihrer Organisation.

»Je länger ich das mache, desto bescheidener werde ich«, sagt sie, und man glaubt es ihr. Vor allem vor den Dorfältesten hat sie Respekt: »Was immer unsere Spezialisten uns sagen, all diese Geologen, Hydrologen und Agrartechniker – wenn man nur einem der Alten, die nie in einer Schule waren, geduldig genug zuhört, dann kann man in neun von zehn Fällen genau die gleiche Auskunft erhalten: Hier gibt es Wasser, hier gedeiht nur Hirse, dort Wildspinat, der ist gut für die Augen (und tatsächlich enthält er viel Vitamin A), und dort drüben wächst einfach nichts.« Ihren jungen Mitarbeitern predigt sie deshalb Zurückhaltung: »Nie vorschnell urteilen, immer erst hinhören und um Gottes willen nie eine vorgefaßte Meinung zeigen. Überschätzen wir nur ja unsere sogenannte Zivilisation und Bildung nicht!«

Ein prominenter Kirchenfürst hat ihr vorgeworfen, mit ihren Hilfsaktionen produziere sie nichts als fette Sklaven. Aber natürlich sind wir damit schon mitten in den aktuellen

Fragen der Politik. Was ist denn nun besser: ein halbes Brot jetzt, aber vielleicht dann für immer nicht mehr als das? Oder heute nichts und morgen dann alles – der ganze dicke Laib? Wer vermag diese Frage, auf die sich die Auseinandersetzung zwischen Gemäßigten und Radikalen im Grunde konzentriert, für andere zu beantworten?

»Für meine Arbeit lehne ich diese Fragestellung ab, weil sie überhaupt nur in den Städten gilt. An den ländlichen Gebieten geht die politische Entwicklung ohnehin achtlos vorbei. Die Menschen auf dem Lande haben keinerlei Einfluß auf sie. Warum sollen sie für die politischen Ziele anderer sterben? Als weiße Südafrikanerin, die – ob nun absichtlich oder ahnungslos – von der Wiege an vom Apartheidsystem profitiert hat, steht mir da einfach ein Urteil nicht zu. Ich habe kein Recht, für die Schwarzen in diesem Lande zu sprechen. Ich habe kein Recht, sie zu noch größerem Leid zu verdammen. Nur sie allein können übrigens auch entscheiden, ob sie bereit sind, den Preis für Disinvestment und Sanktionen zu bezahlen. Ich fürchte allerdings, daß die Außenwelt noch nie an die Anführer der ländlichen Bezirke herangetreten ist, um sie zu diesem Problem um ihre Meinung zu fragen – und damit meine ich natürlich nicht die Homeland-Führer –, sondern daß man immer nur ausschließlich mit städtischen Schwarzen spricht.«

70 % dieser »Stadtschwarzen« schicken, wie eine neue Untersuchung zeigt, zur Zeit noch wenigstens 17 % ihres Einkommens zu ihrer Großfamilie aufs Land. Aber auch in den Stadtgebieten hat sich die Lage in den letzten zwei Jahren erheblich verschlechtert. Die Arbeitslosigkeit steigt auch hier in beängstigendem Tempo an. Nur noch 46 % aller 20- bis 64jährigen Einwohner der 2-Millionen-Siedlung Soweto bei Johannesburg zum Beispiel hatten 1985 ein regelmäßiges Einkommen. Vor allem jüngere Menschen finden keine Arbeit, obwohl sie meist viel besser als ihre Eltern ausgebildet sind. Familien brechen auseinander unter dem stets wachsenden sozialen Druck. Waren 1962 noch 83 % aller Haushalte in Soweto im herkömmlichen Sinne intakte Familien – das heißt Vater, Mutter und Nachkommenschaft –, so sank diese Zahl 1985 auf nur noch 35 %.

In erschreckendem Maße nimmt gleichzeitig die Zahl noch

minderjähriger Mädchen zu, die unerwünschte Kinder in eine ihnen feindliche Welt setzen. Diese werden, wenn überhaupt, nur noch kurze Zeit gestillt und dann zu Verwandten aufs Land abgeschoben. Zusehends brechen alle sozialen Normen und moralischen Richtlinien in sich zusammen; herkömmliche Autorität wird abgesetzt; an ihre Stelle tritt das Gesetz der Straße: jederzeit zum Töten, aber auch zum Sterben bereite elementare Gewalt. Mehr und mehr ernst zu nehmende Beobachter weisen darauf hin, daß der ekstatische Taumel der völlig außer Kontrolle geratenen revolutionären Jugendlichen in den nun schon seit Monaten aufgewühlten Townships ganz sicher nicht nur auf Agitation, sondern auch auf unfreiwilliges Fasten, nämlich hoffnungslosen Hunger zurückzuführen sei.

Wie zynisch doch angesichts dieser Lage das Schmähwort vom gemästeten Sklaven klingt! Und wenn der Regierung an satten Sklaven gelegen wäre – warum füttert sie sie nicht selbst? Trotz stetig wachsender Hungersnot wanderten von zehn Millionen Rand, die seit September 1985 als Sonderposten im Staatshaushalt für derartige Zwecke bereitgestellt worden waren, sechs Millionen ungenutzt in die Kasse des Finanzministers zurück. Denn die möglichen Empfänger hatten die Bedingungen der Regierung nicht erfüllt: sichtbare physische Schäden durch Hunger, keinerlei Einkommen irgendwelcher Art, auch nicht aus Gelegenheitsarbeit oder kläglicher Rente. Doch eines vor allem: Annahme der Hilfe aus den Händen des verhaßten Militärs.

Sechs Millionen Rand betrug bei »Operation Hunger« das letzte Jahresbudget. Von der südafrikanischen Regierung kam davon kein Cent. Auf jede drei Rand jedoch, die Frau Perlman aus privaten Spenden auftreiben kann, legt neuerdings die amerikanische Aid-and-Development-Kasse einen weiteren Rand obendrauf. Und auch die deutsche Welthungerhilfe nimmt seit einiger Zeit das ernste Problem ernstlich wahr: dreieinhalb Millionen Mark fürs erste – das ist ein Wort; doch jetzt braucht Ina schon 12 Millionen Rand im Jahr.

Selbst ein gut gefütterter Sklave bleibt ein Sklave; und das Bewußtsein, ein Sklave zu sein, wird gewiß nicht mit einer Tasse Proteinbrei verdrängt. Diese vermag ihm jedoch vielleicht die Kraft zu geben, sich zu erheben und sich fortzubilden – für ein freieres, besseres Südafrika.

Vor etlichen Monaten fand im größten Sportstadion von Johannesburg ein Wohltätigkeitskonzert für »Operation Hunger« statt. Einen ganzen Tag lang spielten dort Musikgruppen auf, aus allen Teilen dieses schönen Landes und seiner bunten Bevölkerung. Als Ina Perlman endlich mit ihrer täglichen Arbeit fertig war, nahm sie kurz auf der Ehrentribüne Platz. Gerade war der Auftritt einer besonders populären gemischtrassigen Band zu Ende gegangen, und die meist jugendlichen Zuhörer brachen in unbändigen Jubel aus. Schwarze, weiße und braune Menschen umarmten einander und tanzten miteinander vor Freude und Begeisterung. »Das war die Vision eines künftigen Südafrika«, freut Ina Perlman sich noch heute über diesen so überaus erfolgreichen Tag. »So glücklich könnten wir sein.«

Diese Ehe hielt genau sechzehn Jahre lang. Die Veränderung Helens und damit die allmähliche Entfremdung von ihrem Mann und dessen schöner, heiler Welt verursachte der Krieg. Helen hatte sich freiwillig zu den weiblichen Hilfstruppen der königlich britischen Luftwaffe gemeldet und erhielt nun den Auftrag, vor jungen Offizieren Kurse über die Lebensbedingungen in Südafrika abzuhalten. Das zwang sie dazu, ihre Augen zu öffnen und auf einmal genauer hinzusehen: wie verschieden und voneinander getrennt hier die einzelnen Rassengruppen lebten, wieviel weniger für die Erziehung, für die Gesundheit und für die Unterbringung von Schwarzen als für andere geschah. Daraufhin stürzte sie sich mit all ihrer Neugierde, Leidenschaft und Energie auf das Studium der Soziologie, und aus der gewandten Gesellschaftsdame wurde, gewissermaßen über Nacht, eine nicht minder bewanderte Gesellschaftswissenschaftlerin. Das hatte natürlich schon sehr bald – wenn nicht von Anfang an – mit außerparlamentarischer Politik zu tun.

Tief beeindruckt von der passiven Widerstandskampagne des »African National Congress«, half sie 1953 den »Kongreß der Demokraten« (als weißes Pendant zum ANC) und 1954 die »Föderation südafrikanischer Frauen« (Fedsaw) ins Leben zu rufen, deren Landessekretärin sie schon zwei Jahre später war. Bei der sagenumwobenen Demonstration, als mehr als 20000 Frauen im August 1956 zu den Regierungsgebäuden in Pretoria zogen, um gegen erneute Paßgesetze, die nun auch für schwarze Frauen galten, zu demonstrieren, führte Helen eine Abordnung der Fedsaw an.

»Strijdom, jetzt bist du auf Granit gestoßen, denn jetzt hast du dich an die Frauen herangewagt«, skandierten die aufgebrachten Demonstranten. Doch der Premierminister Strijdom hörte nicht einmal hin.

»Wir afrikanischen Frauen wissen nur zu gut, was diese neuen Gesetze für unser Familienleben und für unsere Kinder bedeuten. Wir, die wir keine afrikanischen Frauen sind, wir wissen, wie sehr unsere schwarzen Schwestern leiden. Eure Regierung verkündet unausgesetzt, daß die Paßgesetze jetzt abgeschafft worden seien, aber wir wissen nur allzu gut, daß das gar nicht stimmt... Nur der Name, die Bezeichnung hat sich geändert... Wir haben uns heute hier versammelt, um gegen diese Beleidigung und Diskriminierung aller Frauen zu protestieren. Denn für uns bedeutet die Beleidigung afrikanischer Frauen eine Beleidigung aller Frauen...«, stand in der Petition dieser Demonstrantinnen zu lesen, der natürlich keinerlei Erfolg beschieden war.

Vier Monate später schon wurde Helen Joseph festgenommen und gemeinsam mit anderen Kongreßmitgliedern des Hochverrates angeklagt. Anfang 1957 wurde sie zum erstenmal »gebannt«. Und von nun an stand sie fast ununterbrochen unter irgendeiner staatlichen Restriktion – unter Hausarrest, unter Reisebeschränkung, unter Rede- oder Versammlungsverbot; wenn sie nicht gar gerade eingesperrt war.

Der Hochverratsprozeß dauerte vier Jahre lang. Schließlich mußte sie freigesprochen werden, weil ihr keinerlei verräterische Tätigkeit nachzuweisen war. Doch schon 1960, als nach dem Polizeigemetzel von Sharpeville der nationale Notstand ausgerufen worden war, wanderte sie für mehr als vier Monate in Einzelhaft. So eine kurze Zeit schade wirklich niemandem, behauptet sie heute in der für sie typischen frommfröhlichen Gelassenheit; und als weiße Frau sei sie ja immer ganz anständig behandelt worden.

Lange Zeit durfte sie nur an gesellschaftlichen Zusammenkünften teilnehmen: »Immer hatte ich in diesen Jahren eine Tasse Tee und ein Stück Gebäck in der Hand. Sie können sich gar nicht vorstellen, wieviel Tee ich in meinem Leben der Polizei zuliebe getrunken habe.« Wann immer sie aber Redefreiheit genoß, machte sie gründlich davon Gebrauch. Und wenn sie reisen durfte, fuhr sie im ganzen Land umher, um möglichst viele gebannte Menschen zu besuchen, sie zu trösten und ihnen zu sagen, daß sie nicht alleine waren in ihrer Einsamkeit.

Darum stand sie dann auch bald wieder unter Hausarrest oder unter irgendeinem anderen staatlichen »Bann«. Im Oktober 1962 erklärte der damalige Justizminister, Balthasar Johannes Vorster – der spätere Regierungschef –, ausdrücklich, er habe sich persönlich davon überzeugt (er sei »satisfied«), daß »Mrs. Joseph in Aktivitäten verstrickt ist, die die Ziele des Kommunismus unmittelbar fördern oder aber deren Förderung dienlich sind«. Das klang bedrohlich genug. Und doch ist sie nach Meinung aller, die sie nur ein wenig besser kennen, von kommunistischen Ideen ungefähr so weit entfernt wie jene hehre Hymne, die gleichfalls von allen jenen, die sie nicht verstehen, grundsätzlich für ein revolutionäres Kampflied gehalten wird: »Der Herr segne Afrika!«

Später, im April 1966, sagte Minister Vorster denn auch: »Man muß gar nicht selber ein Kommunist sein, um unter dem ›Suppression of Communism Act‹ gebannt zu werden.« (Mitte 1970 behauptete John Vorster sogar, es sei das Allereinfachste auf der Welt, gegen einen Bannbefehl zu appellieren, mit der Begründung, daß die Regierung »mala fide« gehandelt habe. Es hat indes in der langen Geschichte ungezählter Bannverordnungen keinen einzigen Revisionsfall gegeben, der zum Erfolg geführt hätte. Schließlich verzichteten die meisten Gebannten auf derartige Gesuche, weil sie damit nicht auch noch diesen Usancen zu einem Schein von Rechtsstaatlichkeit verhelfen wollten.)

1966 wurde es Helen verboten, irgendwelche Gewerkschafts- oder Verlagsgebäude zu betreten, so daß sie ihren Arbeitsplatz verlor. Nach sechs Monaten fand sie endlich eine Anstellung in einem Buchladen und später in einem Hotel. Aber erst als sie im Alter von 66 an Krebs operiert worden war, hatte der zuständige Minister endlich Erbarmen und hob ihren Bannbefehl auf.

Da hatte er freilich seine Rechnung ohne ihre Zähigkeit gemacht. Denn kaum war sie auch nur einigermaßen genesen, da stürzte sie sich schon wieder mit erstaunlicher Kraft in die Organisation der Apartheid-Widerstandspolitik. Noch mit 75 Jahren wurde sie erneut unter Hausarrest gestellt; wie bisher ohne den erwünschten Erfolg: 1982 nahm sie ihre Kampagne mit kaum vermindertem Einsatz wieder auf. Ungebrochen kämpfte sie für ein christliches und demokratisches Südafrika, nach ihren Vorstellungen von Christentum und Demokratie.

In den ihr aufgezwungenen Ruhejahren hatte die tief gläubige Anglikanerin nun auch noch Theologie studiert und somit ein drittes Universitätsdiplom erworben. Fast ein halbes Jahrhundert, nachdem sie King's College in London verlassen hatte, wurde sie nach dieser erstaunlichen Leistung von ihrer alten Alma Mater zum Ehrenmitglied auf Lebenszeit ernannt. Die Ehrenpräsidentschaft der südafrikanischen Studentenorganisation NUSAS, die ihr seit 1971 regelmäßig angeboten wird, darf sie jedoch nicht übernehmen, weil sie noch immer eine »listed person« (eine auf der sogenannten konsolidierten Liste aufgeführte, der Staatsfeindlichkeit verdächtige Person) ist.

Seit 1983 ist Helen Joseph ansonsten völlig frei. Ungehindert nahm die zähe alte Dame an der Gründungsversammlung der »Vereinigten Demokratischen Front« (UDF) in der Nähe von Kapstadt teil, wo sie auch prompt zur Ehrenvorsitzenden gewählt worden ist. Im Februar 1985 kam sie noch einmal wegen illegaler Demonstration vor Gericht und wurde zu 500 Mark Strafe oder fünf Monaten Haft verurteilt. Diesmal legte sie Berufung ein, und die Strafe wurde 1986 auf 100 Mark oder 100 Tage herab- und für drei Jahre zur Bewährung ausgesetzt. Dann wird sie 84 sein.

Bisweilen wird sie auch physisch bedroht: Die Fenster ihres Häuschens haben wohlweislich Sicherheitsglas. Aber Helen hat keine Angst: »Je älter man wird, desto weniger fürchtet man sich, weil man immer weniger zu verlieren hat. Ab 75 ist man gegen Angst einigermaßen immun«, sagt sie strahlend, und ihre kleine, feine Nase kräuselt sich dabei noch immer recht kokett.

Am 8. April 1986, an ihrem 81. Geburtstag also, kamen in London ihre Memoiren »Side by Side« heraus. Sie selbst nennt sie lieber »Ein Fenster auf den Befreiungskampf, mit meinen Augen gesehen«, denn eine Autobiographie. Am gleichen Tag gaben Freunde in Johannesburg in einem Privathaus einen großen Empfang für sie. Da war dann wirklich alles da, was unter Südafrikas Intelligenz Rang und Namen hat. Nur eines fehlte zunächst: das neue Buch. Doch dann überreichte ein Journalist ihr ein eigens aus England eingeflogenes Exemplar. Denn in Südafrika kaufen kann man all ihre Werke immer noch nicht, weil sie als »listed person« nicht öffentlich gedruckt oder zitiert werden darf. Selbst ihre früheren Werke sind aus diesem Grund in Südafrika kaum verbreitet und bekannt: »Tomorrow's Sun« (1966) und »If This be Treason« (1963). Der Verbreitung ihrer Gedanken waren all diese Restriktionen jedoch kein Hindernis. Ob das schon Hochverrat ist? Wer weiß.

Ende 1986 wurde Mrs. Joseph (gemeinsam mit der UDF-Präsidentin Albertina Sisulu) der amerikanische »Rothko-

Chapel-Preis« für Menschenrechte zugesprochen, doch der südafrikanische Staat verwehrte der alten Dame einen Reisepaß, um diese Auszeichnung persönlich empfangen zu können. Damit sei ihr nur noch eine weitere Ehrung zuteil geworden, schrieb daraufhin die südafrikanische Schriftstellerin Nadine Gordimer in einem Leserbrief an die Johannesburger Abendzeitung »The Star«: »Die offizielle Anerkennung, daß diese Frau mit 81 noch immer eine fürchtenswerte Widersacherin ist.«

Solitaire

Am Nordrand der City von Johannesburg, gleich hinter der Universität von Witwatersrand, beginnt jene heile grüne Welt der Weißen, in der Zulus, Tswanas, Sothos oder Xhosas nur als höflich lächelnde, adrett gekleidete dienstbare Geister vorstellbar sind, als James, Judith oder Jonathan, denn ihre komplizierten Bantu-Namen sich zu merken, wäre einfach unzumutbar unbequem. Je weiter weg vom Kern der Stadt, desto prunkvoller die Villen, desto üppiger und exotischer die Gärten, ausgeklügelter die Wach- und Alarmanlagen und funkelnder die Swimmingpools, an deren Rändern die Reichen sich räkeln »wie Robben an ihren Tümpeln im Zoo«.

In Parktown zu wohnen, in jenen für südafrikanische Begriffe längst antiken Häusern aus Holz und Stein aus den ersten Jahren dieses Jahrhunderts, die hinter verwilderten Eukalyptusbäumen und wuchernden Jakaranda-Alleen oft kaum mehr sichtbar sind, ist längst nicht mehr fein. Hier leben Zweifler, Künstler, Denker, Progressive und Liberale; Menschen also von der Art, die ihre Kinder und Neger nicht schlagen, die aufmüpfige englischsprachige Zeitungen lesen und um deren Stimmen der jeweilige Kandidat der seit bald vierzig Jahren allein regierenden Nationalpartei der Buren einen aussichtslosen Wahlkampf führt. Hier lebt, zurückgezogen in einem zweigeschossigen, weißgetünchten Haus, seit mehr als dreißig Jahren das Ehepaar Cassirer.

Der Kunstsammler und -händler Reinhold Cassirer führt, seit er die Sotheby's-Vertretung an Jüngere weitergegeben hat, ganz der Tradition seiner begabten Berliner Familie getreu, unweit von hier eine eigene kleine Galerie. Drei Kinder sind längst in die Welt gezogen: Der gemeinsame Sohn Hugo, ein Schüler Miloš Formans, feierte erste Erfolge mit der Verfilmung einiger Kurzgeschichten Nadine Gordimers. Wenn Frau Cassirer in ihrer Werkstatt ist, dann herrscht Stille im ganzen Haus. Die Fenster bleiben geschlossen, das Telefon unterbrochen, selbst die alte Katze und der schöne Hund, ein

Weimaraner, scheinen zu wissen, daß sie jetzt nicht stören dürfen. Denn Frau Cassirers Arbeit erfordert äußerste Konzentration: Sie spaltet, sägt, reibt, rundiert, schneidet, schleift, poliert und facettiert empfindliches Material: Sprache. Frau Cassirer ist die Schriftstellerin Nadine Gordimer.

»Das wahrhafte Kunstwerk ist das an Worten sparsame«, hat Camus in seinem Tagebuch notiert. »Es besteht ein gewisses Verhältnis zwischen der Gesamterfahrung eines Künstlers, seinem Denken und seinem Leben und dem Werk, das diese Erfahrung widerspiegelt. Dieses Verhältnis ist schlecht, wenn das Kunstwerk die gesamte, literarisch verbrämte Erfahrung wiedergibt. Es ist gut, wenn das Kunstwerk ein aus Erfahrung gemeißeltes Stück ist, die Facette eines Diamanten, in dem das innere Feuer sich verdichtet, ohne sich einzuschränken.«

Genau in diesem Sinne ist Nadine Gordimers Arbeitszimmer eine Diamantenschleiferei. Viele hundert Kurzgeschichten sind schon aus dieser Werkstatt hervorgegangen, sieben große Romane und so mancher Essay. Präzision und Klarheit sind die Merkmale ihrer Texte. Ihre Sprache biedert sich nicht an, verzichtet auf Vertrautes, Gewohntes, macht keine Zugeständnisse, auch an die Bequemlichkeit des Lesers nicht. Sie ist oft fast rücksichtslos ironisch, spitz, scharfkantig, hart, ja verletzend. Diamanten sind nicht nur Schmuck: man kann mit ihnen auch schneiden, bohren, schleifen. Nur runden, weichpolieren wie andere Edelsteine kann man sie nicht. Aus einem Kristall macht man keinen Cabochon.

Dennoch versuchen Übersetzer und Kritiker genau das immer wieder: Stilbrüche, abrupte Wechsel, ironische Schärfe aufzulösen, das Kantige zu applanieren, Radikales liberal zu nennen. Dabei ist es ja gerade die Härte und Genauigkeit, die der Sprache der Nadine Gordimer Glanz und Feuer verleiht, das Licht fast unausgesprochener Erkenntnis, das in jedem Satz gebündelt ist.

Als Kind wäre sie gerne Tänzerin geworden. Man glaubt es ihr gerne, dieser zierlichen über sechzigjährigen Frau mit der aufrechten Haltung, den disziplinierten Bewegungen, dem verhaltenen Mienenspiel, die erstaunlich großen, kräftigen Hände immer unter Kontrolle. Wenn sie ins Zimmer kommt, dann ist das ein Auftritt. Mühelos beherrscht sie den Raum.

Eine Krankheit mit elf hat den Traum vom Ballett zerstört. Sie begann die Welt der Literatur als künstlerische Ausdrucksform zu entdecken. Mit Temperament und Distanz zu sich selber erzählt sie vom Vater, den die Eltern aus Angst vor Pogromen als dreizehnjährigen Jungen von Litauen nach Südafrika schickten, in die Obhut eines ungeliebten Bruders; von unzähligen Tanten, die der Vater nachkommen ließ, sobald er, zunächst als Uhrmacher für die Arbeiter in den Kohlenbergwerken von Springs und später als Juwelier, die weite Reise bezahlen konnte; und sie erzählt auch davon, wie fremd ihr die östlichen Sitten, Umgangsformen und auch Speisen seiner durch starken Gruppensinn geprägten Sippe eigentlich immer geblieben sind. Tonangebend war die Mutter. Diese hat zwar wohl zeitlebens jene Rolle für sich akzeptiert, in der die meisten Männer in Südafrika ihre Frauen noch immer am liebsten sehen: eine schweigende Seele der weißen Ameisen – fast leblose Gefangene ihrer Familie, zugleich aber insgeheim deren Königin.

Nadines Großvater mütterlicherseits, ein cockneysprechender Abenteurer, der in den Diamantenminen von Kimberley sein Glück zu finden hoffte, hatte eine energische junge Braut in London zurückgelassen, die als »feathercurler« am Hofe der Queen Victoria für die Pflege der königlichen Straußenfedern zuständig war. Der Goldrausch der achtziger, neunziger Jahre lockte diesen Großvater nach Johannesburg, und dorthin konnte er bald auch die junge Frau heimführen.

Als jedoch eines Tages ein chinesischer Hauer mit durchschnittener Kehle buchstäblich zur Tür hereinfiel und auf dem Küchentisch verschied, floh sie entsetzt das unerträglich harte Land. So wurde Nadines Mutter in London geboren und kam erst als Schulkind in die neue Heimat. Die Gordimer erzählt das alles so faszinierend durchstilisiert, als hätte sie es für den »New Yorker« oder das »London Magazine« erfunden.

Sie selbst wuchs in Springs auf, einem trostlosen Nest am östlichen Witwatersrand, dessen Straßen statt Namen Nummern tragen. Dort ging sie auch zur Schule. Die Synagoge betrat sie, unter dem Einfluß der nüchternen Mutter, selten oder nie. Sie schrieb schon als Kind: sie schrieb, während ihre

Schwester und andere Kinder spielten. »So wie Menschen, die eine Stimme haben, singen.« Ihre erste Erzählung wurde veröffentlicht, als sie fünfzehn war; doch die Familie nahm von der früh sichtbaren Begabung kaum Notiz.

»Erzählungen und Romane sind Werke der Phantasie; sie verkörpern aber zugleich psychologische, soziologische und politische Wahrheiten. Diese geben oft keineswegs den persönlichen Standpunkt des Schreibenden wieder; dieser muß sich vielmehr als eine Art Medium zur Verfügung stellen, durch das die Einstellung der Gesellschaft, in der er lebt, ans Licht kommt« – mit diesen Worten hat Nadine Gordimer einmal eine Sammlung ihrer Kurzgeschichten vorgestellt. Selten ist es ihr eigenes Verhalten, das wir da kennenlernen, »aus dem einfachen Grunde, daß dieses zu oft die Ausnahme und nicht die Regel wäre. Wenige der Weißen in meinen Geschichten gehören zu jener Gruppe weißer Südafrikaner, die Freiheit für Südafrika in Gestalt einer aus freien Wahlen hervorgegangenen schwarzen Majoritätsregierung sich vorstellen können und akzeptieren.« Wie sie.

Die Realität, aus deren Abgründen sie fast alle ihre Gestalten schöpft, ist der krankhafte Zustand Südafrikas. Auch wenn er mit den Augen eines Außenseiters gesehen wird, eines »Fremden unter Fremden« mit dem Rückflugticket nach Europa in der Tasche – immer zwingt sie den Leser, sich selber zu erkennen: Unsicherheit, Verlogenheit, Anbiederung, Verachtung, Heuchelei und immer wieder Angst.

Diese Angst ist der Preis für die Privilegien der Weißen. Als 1948 die Afrikaaner in Südafrika die Macht ergriffen und sich daranmachten, das, was bis dahin ungeschriebenes Gewohnheitsrecht gewesen war, in eherne Gesetze zu gießen und die schizophrene Idee getrennter Entwicklung zur Staatstheorie der Apartheid zu pervertieren, erschien als Protestschrei Alan Patons prophetisches Buch »Cry, The Beloved Country« (»Denn sie sollen getröstet werden«). »Zweifelt nicht an der Angst in diesem Land... Wir werden von einem zum anderen Tag leben, und wir werden immer mehr Schlösser an unseren Türen anbringen und einen schön scharfen Hund anschaffen, wenn die schön scharfe Hündin nebenan Junge hat, und wir werden unsere Handtaschen noch fester an uns drücken; aber die Schönheit der Bäume in der Nacht, die Ekstase Liebender unter den Sternen, all das werden wir hinter uns lassen... Unser Leben wird zusammenschrumpfen, aber dafür wird es das Leben überlegener Lebewesen sein.«

Bei Nadine Gordimer trägt diese Angst viele Namen. Das Verhältnis zwischen Schwarzen und Weißen hat sich allerdings im Laufe der Jahre ihres Schaffens immer wieder gewandelt: von der durchschaubaren Herr-Knecht-Beziehung über die heuchlerische Einbeziehung des Schwarzen als kleiner Bruder in Christo, der nur »noch nicht reif« für die Verantwortungen und Pflichten eines gleichberechtigten Staatsbürgers ist, bis hin zur Konfrontation mit Selbstbewußtsein, Auflehnung, ja Gewalt. Als ihre damals fast dreißig Jahre alte Erzählung »Der Zug aus Rhodesien« für ein Schulbuch für »farbige« Kinder ausgewählt wurde, trat der Verleger an Miß Gordimer mit der Bitte heran, ein Wort zu ändern, das genau viermal in dieser Geschichte vorkommt. Das Wort heißt »baas« (Boß), und sie sollte es durch »Sir« ersetzen. Natürlich hat sie das abgelehnt. »Es ist nicht die Aufgabe eines Schriftstellers, schändliche rassistische Gewohnheiten zu verschleiern, die immer noch durchaus gebräuchlich sind.« Sie läßt nicht mit sich handeln, gibt nicht nach; sie kommt niemandem entgegen, nicht auf Kosten der Wahrheit.

So ist auch das Ende des südafrikanischen PEN-Clubs zu erklären. Zwei Jahre lang war alles gutgegangen: Das Kaffeekränzchen sich selbst bewundernder weißer Schöngeister hatte sich unter Patons und Gordimers Führung in eine Art Schriftstellergewerkschaft verwandelt, deren Mitglieder zeitweilig zu fünfundneunzig Prozent Schwarze waren. Ein Fonds für politisch verfolgte Kollegen, zur Deckung der Anwaltskosten und dergleichen, war eingerichtet worden, Dichterlesungen in den »Townships« für Schwarze wurden organisiert. Den Behörden gelang es jedoch, diesen Versuch, Johannesburg zum Zentrum schwarzer Stadtkultur zu machen, durch Verhaftungen, Verhöre, Intrigen und Druck auf die Schwarzen zu vereiteln, einen Keil zwischen Schwarze und Weiße zu treiben. »Es wurde lächerlich, so zu tun, als zögen wir an einem Strang.« Im Januar 1981 gaben Nadine Gordimer und Alan Paton auf. Das hatte viel mit Resignation zu tun.

»Als Gruppen können wir einander nicht mehr begegnen,

nur noch als Individuen. Als Gruppe können wir Weiße überhaupt nicht überleben.« Sobald man Garantien für den Schutz von Weißen fordere, isoliere man diese für immer, betont Miß Gordimer immer wieder. Wenn aber endlich die Rechte des einzelnen in einer Art »Bill of Rights« garantiert seien, dann bestehe auch kein Bedürfnis mehr für das Recht von Gruppen. »Die einzige Chance für uns besteht darin, unsere kulturellen Werte ganz neu zu überdenken.« Das Überleben der Weißen in Südafrika ist für sie nur mehr in einer wirklichen Verbindung, einer gegenseitigen Befruchtung beider Kulturkreise vorstellbar. Auf dem Gebiete des Theaters gebe es schließlich längst Ansätze dazu; afrikanische Inhalte in europäischen Formen. Das Zusammenkommen werde aber immer schwieriger. Die schwarzen Theoretiker sind »banned«, verbannt oder in die weite Welt geflohen, die im Lande gebliebenen Anführer aber hätten sich mehr der politischen Praxis zugewandt; sie suchten jetzt den Zugang zu den Massen durch möglichst jedermann verständlichen Ausdruck, während sich die Weißen, vor allem die Afrikaaner, zunehmend von der realen Welt abkehrten und sich auf ein ästhetisierendes l'art pour l'art zurückzögen.

Das neue schwarze Selbstbewußtsein, »black consciousness«, ist ein Faktor, den schon lange niemand mehr ungestraft ignorieren kann. Mit dem unverbindlichen Schulterklopfen, dem tagespolitischen Opportunismus der liberalen Opposition seien die Probleme Südafrikas nun wohl auch nicht mehr zu lösen. Dafür ist die Entfremdung zwischen den Fronten längst zu groß.

Vielleicht kann man wirklich – wie dies immer wieder geschieht – Nadine Gordimer mit Iwan Turgenjew vergleichen. So unterschiedlich ihre Werke auch sind, ihre Ausgangslage ist verwandt. Ähnlich ist auch das Verhältnis dieser beiden Autoren zur jüngeren Generation: Väter und Söhne. Nadine Gordimers Hoffnung richtet sich – und für viele ihrer Kollegen ist das vollkommen unverständlich – auf unbefangene junge Leute wie jene weißen Studentenführer an allen Universitäten, die mit dem Mandat ihrer Kommilitonen, aber gegen das ausdrückliche Verbot der Regierung 1986 zum Gespräch mit dem ANC in die Nachbarländer gefahren sind. Diese setzen dem neuen schwarzen Selbstbewußtsein ein noch neueres weißes Pendant entgegen. Sie ignorieren schlicht die Unlust, ja den Widerwillen vieler schwarzer Organisationen, mit ihnen zusammenzuarbeiten, und setzen sich ungebeten für die Rechte ihrer schwarzen Kameraden ein.

Doch im Grunde will Nadine Gordimer, wie jeder Künstler, mit niemandem verglichen werden. Solitaire. Anregungen, Vorbilder für bestimmte technische Möglichkeiten aber – zum Beispiel für die kunstvoll aus Facetten zusammengesetzte Gestalt Rosa Burgers – gibt sie bereitwillig zu. Mehr noch, ehrlich, wie sie ist, liefert sie den Schlüssel gleich mit: »In der Gruppe von Leuten, die an der Festung warteten, stand ein Mädchen...«, fängt »Burgers Tochter« an.

Dieser Roman »Burgers Tochter« erschien im Juni 1979 in London. Einen Monat später wurde er in Südafrika verboten. Nach drei Wochen internationalen Sturmes der Entrüstung legte der »Director of Publications« persönlich gegen den Beschluß seiner eigenen Zensurkommission Berufung ein. Die Autorin hatte sich geweigert, selber zu appellieren; wie alle seriösen Schriftsteller in diesem Land lehnt sie jede auch noch so indirekte Anerkennung der Zensurbehörden durch Berufungsklagen ab. In dem kleinen privaten Verlag »Taurus«, der 1975 von drei Dozenten der Universität von Witwatersrand aus Protest gegen die südafrikanischen Zensurpraktiken gegründet worden war, veröffentlichte sie statt dessen eine Dokumentation über das Schicksal ihres Romans und gab so die Zensoren dem Gelächter preis. Als Motto stellte sie die Beschreibung eines Publikationskomitees durch ein Appellationsgericht voran: »Eine außergerichtliche Instanz mit administrativer Vollmacht, deren Mitglieder keine juristische Ausbildung haben, der gegenüber der Bittsteller kein Recht auf Anhörung hat, die sich in ihren Beratungen nicht an die Regeln fairer Urteilsfindung halten muß, deren Verfahren nicht öffentlich sind und die ihre Entscheidungen nicht begründen muß.«

»Ich bin nicht käuflich, und ich nehme unvermindert am Kampf zur Abschaffung des ›Publications Acts‹ teil. Solange dieses Gesetz in Kraft ist, bedeutet die Freigabe eines einzelnen Buches, sei es nun meines oder das eines anderen, noch keinen Sieg für die schriftstellerische Freiheit. Das ist nicht mehr als ein Riß in der Mauer, den die Zensoren schon morgen wieder kitten können.«

Doch in ihren Augen sind das alles Übergangserscheinungen. »Auf die Dauer werdet ihr Weißen überhaupt nicht gefragt«, läßt sie einen schwarzen Aktivisten zu Burgers Tochter sagen. »Ihr Liberalen genausowenig wie die Regierung... ihr Weißen, was auch immer ihr seid – es kommt nicht mehr auf euch an. Ihr könnt euch nennen, wie ihr wollt – Afrikaaner, Liberale, Kommunisten. Das macht einfach keinen Unterschied. Wir nehmen künftig keine Almosen mehr. Wir nehmen einfach. Versteht ihr das? Wir nehmen uns alles, was wir wollen. Ein Sklave, der die Privilegien des Herrn hat ohne dessen Rechte – so etwas gibt es nicht mehr. Aus und vorbei...«

Oder ist es doch noch möglich, ein weißer Afrikaner zu werden? Auch dies ist ein Thema, das bei Nadine Gordimer immer wiederkehrt. Sich selbst sieht sie als afrikanische Schriftstellerin: Afrikanische Literatur definiert sie als in irgendeiner Sprache geschrieben – von Afrikanern oder auch von anderen Schriftstellern, gleich welcher Hautfarbe –, vorausgesetzt, daß der Autor mit den schwarzen Afrikanern die Erfahrung teilt, gefühlsmäßig wie geistig von Afrika geprägt zu sein. Man müsse die Welt von Afrika aus sehen, sagt sie, um ein afrikanischer Schriftsteller sein zu können. Und nicht etwa umgekehrt. Unleugbar liegen aber ihre eigenen geistigen Wurzeln auch außerhalb Afrikas – das, was man gemeinhin »kulturelles Erbe« nennt.

In ihrem letzten Roman, »Julys Leute«, rückt dieses Thema vollends in den Mittelpunkt: Ist eine Versöhnung Europas mit Afrika überhaupt noch möglich, nach allem, was da geschehen ist? Kann es für Weiße in Afrika noch eine Zukunft geben? Nur dann, wenn man es mit dieser Absicht, ein weißer Afrikaner zu werden, wirklich ehrlich meint, sagt Nadine Gordimer. In einem Interview kurz nach Erscheinen von »Julys Leute« führte sie näher aus, was sie damit meint:

»Sehen Sie, in den fünfziger Jahren, als ich ›Entzauberung‹ schrieb, war Schuldbewußtsein das Motiv für unser Handeln. In den siebziger Jahren begriffen die weißen Liberalen allmählich, daß Schuldgefühle vollkommen unproduktiv sind. Sie können sich an die Brust schlagen und ›mea culpa!‹ rufen

– für den Menschen, den sie unterdrücken, ändert sich dadurch herzlich wenig. Wir, die liberalen und die radikalen Weißen, müssen diese Schuldkomplexe endlich hinter uns lassen und damit anfangen, anders zu denken, anders zu leben als bisher.«

»Julys Leute« spielt in der Zukunft. »Ein Traum, suggeriert von der gegenwärtigen Realität«, wie die Autorin mit den Worten Jorge Luis Borges' sagt. Das Undenkbare ist eingetreten. Revolution. Eine liberale Johannesburger Familie, drei Kinder, vertraut sich dem Schutz des bisherigen Hausgehilfen July und dessen Großfamilie im fernen Homeland an. Schritt für Schritt gewinnt July Macht über sie. Die weiße Hausfrau, Maureen, die eigentliche Heldin der Geschichte, wird von den neuen Verhältnissen zusehends dazu gezwungen, alle ihre liebgewonnenen gönnerisch-großzügigen Verhaltensnormen und auch ihre Schuldkomplexe abzulegen, bis sie schließlich nackt vor uns steht. Allein mit der Wahrheit. Und dann sagt sie diese Wahrheit allen ins Gesicht; zunächst sich selbst, dann ihrem weißen Mann und schließlich auch dem neuen schwarzen Herrn, dessen Fehler sie jetzt gleichfalls durchschaut. Und sie weiß zugleich, daß ihr das nicht verziehen werden kann. Denn die Wahrheit zu sagen ist immer rücksichtslos, ist, wie es in »Julys Leute« gegen Ende heißt, »immer auch Verrat«. Nur durch diesen Verrat jedoch kann es Nadine Gordimer und anderen gelingen, eine weiße Afrikanerin zu werden. Wenn man sie noch läßt.

Bitte umblättern:

Die Frau in der Gesellschaft

Band 3769

Band 3770

Band 3745

Gerhard Amendt
Die bevormundete Frau oder Die Macht der Frauenärzte
Band 3769

Hansjürgen Blinn (Hg.)
Emanzipation und Literatur
Texte zur Diskussion – Ein Frauen-Lesebuch
Band 3747

Colette Dowling
Der Cinderella-Komplex
Die heimliche Angst der Frauen vor der Unabhängigkeit
Band 3068

Marianne Grabrucker
»Typisch Mädchen...«
Prägung in den ersten drei Lebensjahren
Band 3770

Astrid Matthiae
Vom pfiffigen Peter und der faden Anna
Zum kleinen Unterschied im Bilderbuch
Band 3768

Ursula Scheu
Wir werden nicht als Mädchen geboren – wir werden dazu gemacht
Zur frühkindlichen Erziehung in unserer Gesellschaft
Band 1857

Alice Schwarzer
Der »kleine« Unterschied und seine großen Folgen
Frauen über sich – Beginn einer Befreiung
Band 1805

Dale Spender
Frauen kommen nicht vor
Sexismus im Bildungswesen
Band 3764

Karin Spielhofer
Sanfte Ausbeutung
Lieben zwischen Mutter und Kind
Band 3759

Senta Trömel-Plötz
Frauensprache – Sprache der Veränderung
Band 3725

Senta Trömel-Plötz (Hg.)
Gewalt durch Sprache
Die Vergewaltigung von Frauen in Gesprächen
Band 3745

Hedi Wyss
Das rosarote Mädchenbuch
Ermutigung zu einem neuen Bewußtsein
Band 1763

fi 15/4

Fischer Taschenbuch Verlag

Gertraud Heise

Reise in die schwarze Haut

Ein Tagebuch

Band 3762

Die Journalistin Gertraud Heise plant, ein halbes Jahr im westafrikanischen Benin zu verbringen, um eine Berichterstattung aus dem Blickwinkel der Einheimischen zu entwickeln. Ihr Vorhaben scheitert. Fast drei Monate irrt sie in den Sahelländern Niger und Obervolta umher, ehe sie in ihrem ›gelobten Land‹ ankommt. Ein Prozeß setzt ein: Die Auseinandersetzung mit dem anderen bedingt eine Auseinandersetzung mit sich selbst. Indem sie sich als Beobachtende beobachtet – und dies täglich notiert –, beschreibt sie nicht nur die Reise, sondern auch die Reisende. Aber so selbstverständlich das für ein Tagebuch erscheint, sie durchbricht damit Tabus sowohl der schwarzen Welt, der sie sich zu nähern versucht, als auch der weißen Welt, von der sie sich entfernen möchte.

»Dies ist nicht nur eine aufregend zu lesende Bestandsaufnahme des täglichen Lebens in afrikanischen Ländern, sondern auch das Porträt einer ungewöhnlichen Frau, die mit bewundernswerter psychischer Stabilität und hoher Feinfühligkeit gegen Vorurteile ankämpft«.

dpa-Literatur-Dienst

Fischer Taschenbuch Verlag

Besuch der alten Dame

Hitze, daß sich die Kerzen biegen, Cocktail-Parties am Swimmingpool, Strelitzia- und Frangipaniblüten, duftende Früchte am Mango-Baum – das ist Weihnachten in Johannesburg. Ein jeder kann jetzt das Leben genießen, denn das köstliche Klima ist kostenlos; ein jeder freilich in dem ihm von Rasse, Klasse und Kasse vorbestimmten Wohngebiet.

Nur zu einem Haus hin bewegen sich Menschen aus allen Teilen dieser vielschichtigen Vielvölkerstadt, zu einem unscheinbaren, flachen Häuschen in einer Gegend für Weiße, die nicht mehr allzu vornehm ist. Hier steht heute den ganzen Tag über die Haustür offen, denn hier wohnt und empfängt Helen Joseph, die große alte Dame des südafrikanischen Widerstands. Punkt zwölf Uhr mittags erhebt sie ihr Glas und bringt einen Toast aus auf alle jene Freunde und Gesinnungsgenossen, die diesen Tag unter Hausarrest oder im Gefängnis verbringen müssen, und auch auf die, die schon längst unter der Erde sind. Dann erheben alle die geballte rechte Faust, nicht etwa weil sie Kommunisten wären, sondern zum Zeichen ihrer Solidarität; und gemeinsam stimmen sie die erhabene Hymne des ganzen südlichen Afrika an: »Der Herr segne Afrika! Gott, segne Afrika, wenn es sein Horn erhebt. Erhör unser Flehen, Herr, segne uns, sein Volk! Komm, o Geist; komm, Heiliger Geist! Herr, segne uns, sein Volk! Herr, rette unser Volk, beende die Kriege und all das Leid! Rette und bewahre es, o Herr; rette unser Volk – und Afrika! So soll es sein, so soll es sein, in Ewigkeit.«

Viele, sehr viele Jahre sogar durfte Helen Joseph jeweils nur eine einzige Person auf einmal sehen, weil sie selbst eine »banned person« war. Da versammelten ihre Gäste sich einfach auf der anderen Straßenseite und kamen einzeln herübergegangen, um sie zu umarmen und ihr ein gesegnetes Fest zu wünschen. Daß das für die Geheimpolizei eine ideale Gelegenheit war, sie alle auf einmal beisammen zu finden,

»Ab 75 ist man gegen Angst einigermaßen immun« – die über achtzigjährige Widerstandskämpferin Helen Joseph weiß, wovon sie spricht (Foto: The Star)

war ihnen allen wohl an diesem heiligen Feiertag vollkommen egal.

Helen Beatrice May Fennell war am 8. April 1905 in einem Provinzstädtchen in Sussex, England, auf die Welt gekommen. Sie besuchte solide Klosterschulen und studierte dann an der Londoner Universität englische Literatur, wie es sich für eine höhere Tochter ziemte. Anschließend gab sie jedoch ihrer Abenteuerlust nach und übernahm einen Lehrauftrag an einer Mädchenschule in Indien, wo sie ganze drei Jahre blieb. Gegen Ende ihres Aufenthaltes verlobte sie sich dort mit einem Engländer. Als der Erwählte jedoch von einer längeren Dienstreise nach London zurückkehrte, war seine unternehmungslustige Braut davongereist: Helen erholte sich von einem Autounfall bei Freunden in Südafrika. Dann unterrichtete sie auch hier. Bald schon heiratete sie den erfolgreichsten Zahnarzt von Durban zu dieser Zeit, einen Dr. Joseph, der ihr ein herrliches Leben bieten konnte: viel Luxus, Tanz und Spiel.

Joseph Ki-Zerbo
Die Geschichte Schwarz-Afrikas
Band 6417

Als dieses Buch erstmals 1979 in der Bundesrepublik erschien, schrieb G. Péus in der ZEIT: »Da ist sie nun endlich, … die große populärwissenschaftliche Gesamtgeschichte Afrikas in deutscher Sprache, zum erstenmal und auf nahezu 800 Seiten von einem Afrikaner niedergeschrieben …«
Das besondere an diesem Buch ist der Glücksfall, daß hier ein afrikanischer Gelehrter, mit den wissenschaftlichen Methoden europäischer Forschung vertraut, aus der Perspektive seines Kontinents die Geschichte des Schwarzen Erdteils erforscht und in einer großen Darstellung vorgelegt hat.
Joseph Ki-Zerbos großes Verdienst besteht darin, daß er mit seinem Werk die Mauer der Mythen über Afrika durchbrochen hat: Er zeigt, daß sein Kontinent – im Gegensatz zu einem beliebten Vorurteil – durchaus schon lange vor David Livingstone eine eigene Geschichte und richtungweisende Kultur gehabt hat: Nach den sensationellen Knochenfunden in Ostafrika liegt der Schluß sogar nahe, Afrika als Wiege der Menschheit sehen zu müssen.

Fischer Taschenbuch Verlag

fi 561/1